중국인이 가장 많이 쓰는

真

진짜 중국어
문장 패턴 80

시사중국어사

중국인이 가장 많이 쓰는

眞 진짜 중국어
문장 패턴 80

초판발행	2020년 2월 20일
1판 3쇄	2024년 6월 10일

저자	문광일
편집	최미진, 연윤영, 高霞, 엄수연
펴낸이	엄태상
디자인	진지화
일러스트	가석지
조판	이서영
콘텐츠 제작	김선웅, 장형진
마케팅본부	이승욱, 왕성석, 노원준, 조성민, 이선민
경영기획	조성근, 최성훈, 김다미, 최수진, 오희연
물류	정종진, 윤덕현, 신승진, 구윤주

펴낸곳	시사중국어사(시사북스)
주소	서울시 종로구 자하문로 300 시사빌딩
주문 및 문의	1588-1582
팩스	0502-989-9592
홈페이지	http://www.sisabooks.com
이메일	book_chinese@sisadream.com
등록일자	1988년 2월 12일
등록번호	제300 - 2014 - 89호

ISBN 979-11-5720-164-8 13720

머리말

안녕하세요. 문광일입니다.

저는 중국 베이징에서 세계 각지에서 온 유학생들에게 중국어를 가르치고 있습니다. 다양한 국적의 학생들을 대상으로 중국어 교육을 하면서 특히 한국 학생들에게 인상 깊었던 점은 여러 나라 학생들 가운데 단어의 암기량이 월등히 많다는 점입니다. 중국어 학습을 시작하자마자 하루에 20개, 시간이 흐를수록 많게는 하루 100개를 넘게 외우기도 합니다. 그런데 이게 무슨 일일까요? 단어를 많이 외우면 외울수록 안타깝게도 나와 중국어와의 거리는 점점 멀어지는 듯하지 않으신가요? 네, 그 이유는 간단합니다. 단어만 부분적으로 암기하다 보니 문장을 통해 익힐 수 있는 생생한 표현이 결핍되어 가고 응용력이 떨어지기 때문이죠.

중국어 학습 시작 후 6개월 정도까지는 사실상 중국어와 친구가 되는 단계입니다. "밥 먹었어? 요즘 어떻게 지내니?" 정도의 문장이 슬슬 입 밖으로 나올 때 우리는 생각하죠. '역시 난 중국어 체질인가 봐!' 하지만 문제는 그 이후부터입니다. 중국어 학습 첫 번째 슬럼프는 대부분 6개월 이후부터 오기 시작합니다. 간단한 예로, 처음 요리에 도전하는 사람들은 자신이 만든 요리에 대부분 감탄하지만 점점 어려운 요리에 도전할 때 요령과 기술이 없으면 실패하곤 하는 것처럼요!

저는 바로 그 기술을 이 책에서 전달하려고 합니다. 초급을 벗어나기 위해서는 웬만한 문장은 만들어낼 줄 알아야 되는데, 이를 위해 무턱대고 많은 문장을 외우고 읽는 것보다는 '중국인 사이에서 자주 구사하는 문장의 뼈대', 즉 '문장 패턴'을 암기하는 것이 효율적입니다.

본 책에서는 중국인의 일상 생활 속에서 가장 많이 중복되어 나오는 80가지 문장 패턴을 제공하고, 본 책만의 특별한 훈련법을 통해 1개의 패턴당 10개 이상의 문장까지 단번에 정복하는 학습 노하우를 여러분들과 공유하고자 합니다.

적극적으로 따라오셔서 초급을 멋지게 졸업하고, 중급에 입학하시길 바랍니다!

저자 문광일

이 책의 구성과 활용

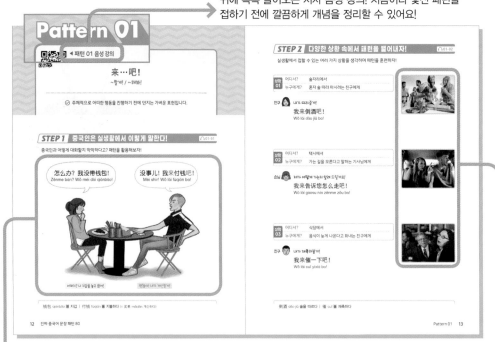

★ 저자 음성 강의 QR 코드
귀에 쏙쏙 들어오는 저자 음성 강의! 처음이라 낯선 패턴을
접하기 전에 깔끔하게 개념을 정리할 수 있어요!

중국인이 실제 대화하는 상황을 만화 식으로 표현한
STEP1 단계를 통해 쉽게 패턴에 접근할 수 있어요!

각각의 상황에 따라 현장감 있는 사진을 통해
활용도 100%의 표현을 습득할 수 있어요!

셀로판지를 이용해서 10개의 문장을 완벽하게
습득했는지 스스로 체크해보세요!

실력 향상을 위한 꿀팁! 느린 속도와 빠른 속도로
녹음된 원어민 음성을 통해 원어민 발음과 점점
비슷해지는 나의 발음을 두 귀로 확인하세요!

Start

01 来…吧! ~할게! ~위!
- 내가 그에게 말할게!
- 네가 설명 해봐!
- 내가 이 문제 대답할게!

02 怎么能…呢? 어떻게 ~할 수 있어?
- 너는 어떻게 안 먹을 수가 있니?
- 그는 어떻게 이렇게 말할 수가 있지?
- 너는 어떻게 나를 이렇게 판단할 수 있어?

03 A的名字叫… A의 이름은 ~이야
- 이 노래 이름은 '사랑'이야.
- 이 대학교 이름은 '베이징대학교'예요.
- 중국인이 자주 먹는 간식 이름은 '캬바라기 씨'예요.

04 要提前… 미리 ~해야 돼
- 너는 미리 준비해.
- 나는 수업을 일찍 끝내야 해.
- 너는 미리 모두에게 알려야 해.

10 是不是有点儿…? 조금 ~하지 않아?
- 이 음식 조금 짜지 않아?
- 진행되는 속도가 조금 빠르지 않아?
- 지금 가면 시간이 좀 이르지 않아?

Pattern 01~10

내 문장으로 만들기!

05 带A去…吧 A를 데리고 ~하러(/~에) 가다
- 내가 그를 데리고 너희 집으로 갈게.
- 내가 너를 데리고 그 병원에 가줄게.
- 내가 그들을 데리고 공장을 구경시켜줘.

09 还没…呢 아직 ~하지 않아(에/~ 못 했어)
- 나 아직 다 안 먹었어.
- 나 아직 말 다 안 끝났는데!
- 그녀는 아직 HSK 성적을 못 받았어.

08 (你)别乱… (너는) 함부로(/막) ~하지 마라
- 너는 함부로 말하지 마라.
- 너는 막 추측하지 마라.
- 너는 제발 함부로 행동하지 마라.

07 替A… A를 대신해서(/위해/때문에) ~하다
- 내가 너 대신 가줄게.
- 내가 너 대신 밥을 할게.
- 너는 다른 사람을 위해 생각을 좀 해봐.

06 好好(儿)…(吧) 열심히(/잘) ~해라
- 너는 집에 가서 잘 쉬어라.
- 너는 집을 좀 잘 정리해라.
- 우리 일단 내일 뭘 할지 잘 계획해보자.

언어를 배울 때 가장 중요한 것 중 하나! 바로 복습이죠~!
'내 문장으로 만들기!' 코너에서는 앞에서 배운 10가지의 패턴을
다시 한번 기억해서 장기 기억장치로 보내는 훈련을 할 수 있어요!

1. MP3 파일 다운로드

❶ '시사중국어사' 홈페이지에서 다운로드

www.sisabooks.com 접속 후 '시사중국어사' 선택 ▶ 로그인 ▶
'진짜 중국어 문장 패턴 80' 검색 ▶ MP3 전체 다운로드

❷ '콜롬북스' 앱에서 다운로드 [휴대전화로 이용]

'콜롬북스' 앱 다운로드 ▶ 로그인 ▶ '진짜 중국어 문장 패턴 80' 검색 ▶
MP3 듣기 ▶ 전체 저장 ▶ 마이 MP3

2. 저자 음성 강의 팟캐스트 활용

팟빵(http://www.podbbang.com/) 접속 ▶ '시사중국어사' 혹은
'진짜 중국어 문장 패턴 80'으로 검색 ▶ 좋아요와 구독하기!

3. 유튜브 패턴 암기 영상

암기하기 쉬운 특훈 암기 영상으로 틈틈이! 가볍게! 암기할 수 있어요~
유튜브 접속 ▶ '진짜 중국어 문장 패턴 80' 검색 ▶ 좋아요와 구독하기!

목 차

Pattern 01~10

Pattern 11~20

Pattern 01~10

Pattern 01

◀ 패턴 01 음성 강의

来···吧!

~할게! / ~해봐!

⊘ 주체적으로 어떠한 행동을 진행하기 전에 던지는 가벼운 표현입니다.

STEP 1 **중국인은 실생활에서 이렇게 말한다!** 🎧 01-01

중국인과 어떻게 대화할지 막막하다고? 패턴을 활용해보자!

怎么办? 我没带钱包!
Zěnme bàn? Wǒ méi dài qiánbāo!

没事儿! 我来付钱吧!
Méi shìr! Wǒ lái fùqián ba!

어쩌지? 나 지갑을 놓고 왔어!

괜찮아! 내가 계산할게!

钱包 qiánbāo 명 지갑 | 付钱 fùqián 동 지불하다 (= 买单 mǎidān 계산하다)

실생활에서 접할 수 있는 여러 가지 상황을 생각하며 패턴을 훈련하자!

상황 01	어디서?	술자리에서
	누구에게?	혼자 술 따라 마시려는 친구에게

친구 내가 따라줄게!

我来倒酒吧!

Wǒ lái dào jiǔ ba!

상황 02	어디서?	택시에서
	누구에게?	가는 길을 모른다고 말하는 기사님에게

손님 제가 어떻게 가는지 알려 드릴게요!

我来告诉您怎么走吧!

Wǒ lái gàosu nín zěnme zǒu ba!

상황 03	어디서?	식당에서
	누구에게?	음식이 늦게 나온다고 화내는 친구에게

친구 내가 재촉해볼게!

我来催一下吧!

Wǒ lái cuī yíxià ba!

倒酒 dào jiǔ 술을 따르다 | 催 cuī 통 재촉하다

10가지 활용 예문을 입에 착 붙도록 말해보자!

1 我来处理吧! — Wǒ lái chǔlǐ ba!

2 我来帮你吧! — Wǒ lái bāng nǐ ba!

3 你来拿着吧! — Nǐ lái názhe ba!

4 你来看看吧! — Nǐ lái kànkan ba!

5 我来说一下吧! — Wǒ lái shuō yíxià ba!

6 我来跟他说吧! — Wǒ lái gēn tā shuō ba!

7 你来解释一下吧! — Nǐ lái jiěshì yíxià ba!

8 你来介绍一下自己吧! — Nǐ lái jièshào yíxià zìjǐ ba!

9 我来回答这个问题吧! — Wǒ lái huídá zhège wèntí ba!

10 你来收拾这些东西吧! — Nǐ lái shōushi zhèxiē dōngxi ba!

处理 chǔlǐ 동 처리하다 | 拿 ná 동 들다 | 解释 jiěshì 동 설명하다 | 介绍 jièshào 동 소개하다 | 回答 huídá 동 대답하다 | 收拾 shōushi 동 정리하다

STEP 3의 예문을 셀로판지로 가리고 암기하자! 숙지되면 빠른 속도로 훈련하기!

		느린 속도 ≫ 빠른 속도
내가 처리할게!	处理	☐ ☐
내가 너를 도와줄게!	帮	☐ ☐
네가 들고 있어봐!	拿	☐ ☐
네가 한번 봐라!	看	☐ ☐
내가 한번 말해볼게!	说	☐ ☐
내가 그에게 말할게!	跟	☐ ☐
네가 설명 좀 해봐!	解释	☐ ☐
네가 스스로를 소개해봐!	介绍	☐ ☐
내가 이 문제 대답할게!	回答	☐ ☐
네가 이 물건들을 정리해!	收拾	☐ ☐

◀ 패턴 02 음성 강의

怎么能…呢?

어떻게 ~할 수 있어?

✓ 행동이나 상태가 의외일 때 사용하는 표현입니다.

STEP 1 중국인은 실생활에서 이렇게 말한다! ∩ 02-01

중국인과 어떻게 대화할지 막막하다고? 패턴을 활용해보자!

你看看我的身材!
Nǐ kànkan wǒ de shēncái!

我应该减肥!
Wǒ yīnggāi jiǎnféi!

这个我也知道!
Zhège wǒ yě zhīdào!

但是你怎么能不吃饭呢?
Dànshì nǐ zěnme néng bù chīfàn ne?

내 몸매 좀 봐! 난 다이어트를 해야 해!

그건 알겠는데, 그래도 어떻게 밥을 안 먹을 수 있어?

身材 shēncái 명 몸매 | 减肥 jiǎnféi 동 다이어트하다

실생활에서 접할 수 있는 여러 가지 상황을 생각하며 패턴을 훈련하자!

| 상황 01 | 어디서? | 술자리에서 |
| | 누구에게? | 혼자 술 따라 마시려는 친구에게 |

친구 너는 어떻게 혼자 술을 따라 마시냐?

你怎么能自己倒酒喝呢?

Nǐ zěnme néng zìjǐ dào jiǔ hē ne?

| 상황 02 | 어디서? | 택시에서 |
| | 누구에게? | 신호 위반하는 기사에게 |

손님 기사님! 신호 위반을 하시면 어떡합니까?

师傅! 你怎么能闯红灯呢?

Shīfu! Nǐ zěnme néng chuǎng hóngdēng ne?

| 상황 03 | 어디서? | 약속 장소에서 |
| | 언제? | 친구가 너무 늦게 도착했을 때 |

친구 넌 어떻게 이제야 올 수 있냐?

你怎么能才来呢?

Nǐ zěnme néng cái lái ne?

师傅 shīfu 명 그 일에 숙달한 사람, ~님 [존칭] | 闯红灯 chuǎng hóngdēng 빨간 신호를 무시하다, 신호를 위반하다 | 才 cái 부 이제서야, 겨우

10가지 활용 예문을 입에 착 붙도록 말해보자!

1 你怎么能不吃呢?   Nǐ zěnme néng bù chī ne?

2 你怎么能这样呢?   Nǐ zěnme néng zhèyàng ne?

3 你怎么能不说呢?   Nǐ zěnme néng bù shuō ne?

4 他怎么能这么说呢?   Tā zěnme néng zhème shuō ne?

5 他怎么能跟我一样呢?   Tā zěnme néng gēn wǒ yíyàng ne?

6 他们怎么能都走了呢?   Tāmen zěnme néng dōu zǒu le ne?

7 她怎么能不喜欢你呢?   Tā zěnme néng bù xǐhuan nǐ ne?

8 你怎么能这么判断我呢?   Nǐ zěnme néng zhème pànduàn wǒ ne?

9 我怎么能忘了这件事呢?   Wǒ zěnme néng wàng le zhè jiàn shì ne?

10 你怎么能偷了他的东西呢?   Nǐ zěnme néng tōu le tā de dōngxi ne?

判断 pànduàn 명 판단 동 판단하다 | 忘 wàng 동 잊다 | 件 jiàn 양 건 [일·사건 등을 세는 단위] | 偷 tōu 동 훔치다

STEP 3의 예문을 셀로판지로 가리고 암기하자! 숙지되면 빠른 속도로 훈련하기!

		느린 속도 ▶▶ 빠른 속도

너는 어떻게 안 먹을 수가 있냐? 　　吃 　　☐　　☐

너는 어떻게 이렇게 할 수가 있어? 　　这样 　　☐　　☐

너는 어떻게 말을 안 할 수가 있어? 　　不说 　　☐　　☐

그는 어떻게 이렇게 말할 수가 있지? 　　这么说 　　☐　　☐

걔는 어떻게 나랑 똑같을 수 있냐? 　　一样 　　☐　　☐

걔네는 어떻게 다 가버릴 수가 있지? 　　走 　　☐　　☐

그 여자는 어떻게 너를 싫어할 수가 있지? 　　不喜欢 　　☐　　☐

너는 어떻게 나를 이렇게 판단할 수 있어? 　　判断 　　☐　　☐

내가 어떻게 이 일을 잊을 수가 있겠어? 　　忘 　　☐　　☐

너는 어떻게 그의 물건을 훔칠 수 있냐? 　　偷 　　☐　　☐

Pattern 03

 ◀ 패턴 03 음성 강의

A 的名字叫 …

A의 이름은 ~이야

✅ 사람 혹은 사물의 이름을 알려주며 강조할 때 사용하는 표현입니다.

STEP 1 중국인은 실생활에서 이렇게 말한다! 🎧 03-01

중국인과 어떻게 대화할지 막막하다고? 패턴을 활용해보자!

大家介绍一下
Dàjiā jièshào yíxià
自己最好的朋友!
zìjǐ zuì hǎo de péngyou!

我有一个朋友,
Wǒ yǒu yí ge péngyou,
他的名字叫金成敏。
tā de míngzi jiào Jīn Chéngmǐn.

여러분 자신의 가장 친한 친구를 한번 소개해봐요!

저에게는 친구가 한 명이 있는데, 걔 이름은 김성민이에요.

叫 jiào 동 부르다 | 介绍 jièshào 동 소개하다

실생활에서 접할 수 있는 여러 가지 상황을 생각하며 패턴을 훈련하자!

 상황 01 | 어디서? | 채소 가게에서
| 누구에게? | 중국에 온 유학생에게

주인 🙂 이 채소의 이름은 '부추'예요.

这蔬菜的名字叫 "韭菜"。
Zhè shūcài de míngzi jiào "jiǔcài".

 상황 02 | 누구에게? | 엄마에게
| 무엇을 하며? | 처음으로 여자 친구를 소개하며

아들 🙂 엄마! 내 여친 이름은 '수정'이야.

妈妈! 我女朋友的名字叫 "秀贞",
Māma! Wǒ nǚ péngyou de míngzi jiào "Xiùzhēn",

우리는 만난 지 1년 됐어.

我们处了一年。
wǒmen chǔ le yì nián.

 상황 03 | 누구에게? | 예쁜 친구에게
| 무엇을 하며? | 친구를 소개해주겠다며

친구 🙂 친구 한 명이 있는데, 걔 이름은 '김성민'이야.

我有一个朋友，他的名字叫 "金成敏",
Wǒ yǒu yí ge péngyou, tā de míngzi jiào "Jīn Chéngmǐn",

근데 걔가 널 정말 좋아해.

不过他特别喜欢你。
búguò tā tèbié xǐhuan nǐ.

蔬菜 shūcài 명 채소 | 韭菜 jiǔcài 명 부추 | 处 chǔ 동 사귀다, 교제하다 | 不过 búguò 접 그런데

10가지 활용 예문을 입에 착 붙도록 말해보자!

1 我的名字叫"文光一"。　Wǒ de míngzi jiào "Wén Guāngyī".

2 这首歌的名字叫"爱情"。　Zhè shǒu gē de míngzi jiào "àiqíng".

3 这个水果的名字叫"榴莲"。　Zhège shuǐguǒ de míngzi jiào "liúlián".

4 这个东西的名字叫"手机自拍杆"。　Zhège dōngxi de míngzi jiào "shǒujī zìpāigǎn".

5 这部电影的名字叫"钢铁侠"。　Zhè bù diànyǐng de míngzi jiào "Gāngtiě xiá".

6 他公司的名字叫"阿里贝贝"。　Tā gōngsī de míngzi jiào "Ā lǐ bèi bèi".

7 这个大学的名字叫"北京大学"。　Zhège dàxué de míngzi jiào "Běijīng dàxué".

8 我们汉语老师的名字叫"文光一"。　Wǒmen Hànyǔ lǎoshī de míngzi jiào "Wén Guāngyī".

9 我常看的一个节目的名字叫"一起走吧"。　Wǒ cháng kàn de yí ge jiémù de míngzi jiào "Yìqǐ zǒu ba".

10 中国人常吃的一种零食的名字叫"瓜子"。　Zhōngguórén cháng chī de yì zhǒng língshí de míngzi jiào "guāzǐ".

榴莲 liúlián 명 두리안 | 北京大学 Běijīng dàxué 명 베이징대학교(北大) | 零食 língshí 명 간식 | 瓜子 guāzǐ 명 해바라기씨

通으로 암기해야 입에서 술술 나온다! 🎧 03-04

STEP 3의 예문을 셀로판지로 가리고 암기하자! 숙지되면 빠른 속도로 훈련하기!

		느린 속도 ≫ 빠른 속도
내 이름은 '문광일'입니다.	文光一	☐ ☐
이 노래 이름은 '사랑'이야.	这首歌	☐ ☐
이 과일의 이름은 '두리안'이야.	水果	☐ ☐
이 물건의 이름은 '셀카봉'이야.	东西	☐ ☐
이 영화 이름은 '아이언맨'이야.	这部电影	☐ ☐
그의 회사 이름은 '알리베베'야.	公司	☐ ☐
이 대학교 이름은 '베이징대학교'예요.	大学	☐ ☐
우리 중국어 선생님 성함은 '문광일'이에요.	老师	☐ ☐
내가 자주 보는 프로그램 이름은 '함께 가자'예요.	节目	☐ ☐
중국인이 자주 먹는 간식 이름은 '해바라기씨'예요.	零食	☐ ☐

Pattern 04

◀ 패턴 04 음성 강의

要提前…

미리 ~해야 해

⊘ 시간을 앞당겨서 어떤 행동을 하라는 의미의 표현입니다.

STEP 1 중국인은 실생활에서 이렇게 말한다! 🎧 04-01

중국인과 어떻게 대화할지 막막하다고? 패턴을 활용해보자!

您不知道的话,
Nín bù zhīdào dehuà,
我给您指路吧。
wǒ gěi nín zhǐlù ba.

那你要提前告诉我
Nà nǐ yào tíqián gàosu wǒ
怎么走。
zěnme zǒu.

모르시면 제가 길을 안내해 드릴게요.

그럼 제게 어떻게 가는지 미리 알려주세요.

提前 tíqián 동 (시간을) 앞당기다 | 指路 zhǐlù 동 길을 안내하다

실생활에서 접할 수 있는 여러 가지 상황을 생각하며 패턴을 훈련하자!

상황 01	무엇을 하며?	친구와 대화하면서
	누구에게?	곧 결혼한다는 친구에게

절친 너 언제 **결혼하는지** 미리 **알려줘야** 돼.

你要提前告诉我你什么时候结婚。

Nǐ yào tíqián gàosu wǒ nǐ shénme shíhou jiéhūn.

상황 02	누가?	화가 난 상사가
	누구에게?	부하직원에게

부장 네가 미리 **호텔 쪽에 연락**해 놔!

你要提前跟酒店联系！

Nǐ yào tíqián gēn jiǔdiàn liánxì!

상황 03	어디서?	소개팅 자리에서
	언제?	친구가 갑자기 안 온다고 연락이 왔을 때

친구 안 온다고? 너는 미리 **나에게 말을** 해야지!

不来？你要提前跟我说才对啊！

Bù lái? Nǐ yào tíqián gēn wǒ shuō cái duì a!

⭐ …才对 (당연히) ~해야지
예 你先来才对啊！ (당연히) 네가 먼저 와야지!
　　Nǐ xiān lái cái duì a!

酒店 jiǔdiàn 명 호텔

10가지 활용 예문을 입에 착 붙도록 말해보자!

1 你要提前准备。 　　　　Nǐ yào tíqián zhǔnbèi.

2 你要提前上班。 　　　　Nǐ yào tíqián shàngbān.

3 我要提前出发。 　　　　Wǒ yào tíqián chūfā.

4 我要提前下课。 　　　　Wǒ yào tíqián xiàkè.

5 你要提前跟我说。 　　　　Nǐ yào tíqián gēn wǒ shuō.

6 我要提前去参观。 　　　　Wǒ yào tíqián qù cānguān.

7 你要提前完成任务。 　　　　Nǐ yào tíqián wánchéng rènwù.

8 你要提前通知大家。 　　　　Nǐ yào tíqián tōngzhī dàjiā.

9 你要提前跟他商量。 　　　　Nǐ yào tíqián gēn tā shāngliang.

10 我们明天要提前集合。 　　　　Wǒmen míngtiān yào tíqián jíhé.

参观 cānguān 동 참관하다 | 完成 wánchéng 동 완성하다 | 任务 rènwù 명 임무 | 通知 tōngzhī 동 통지하다 | 商量 shāngliang 동 상의하다 | 集合 jíhé 동 집합하다

STEP 3의 예문을 셀로판지로 가리고 암기하자! 숙지되면 빠른 속도로 훈련하기!

		느린 속도 ▶▶ 빠른 속도
너는 미리 준비해.	准备	☐　　☐
너는 미리 출근을 해.	上班	☐　　☐
나는 미리 출발해야 해.	出发	☐　　☐
나는 수업을 좀 일찍 끝내야 해.	下课	☐　　☐
너는 미리 나에게 말해줘.	说	☐　　☐
제가 미리 가서 구경해볼게요.	参观	☐　　☐
너는 미리 임무를 완성해.	完成	☐　　☐
너는 미리 모두에게 알려야 해.	通知	☐　　☐
너는 미리 그와 상의해야 해.	商量	☐　　☐
우리는 내일 미리 집합해야 해.	集合	☐　　☐

◀ 패턴 05 음성 강의

带 A 去…吧

A를 데리고 ~하러 (/~에) 가다

✅ 누군가를 인솔해서 데리고 가주겠다고 말할 때 사용하는 표현입니다.

STEP 1 중국인은 실생활에서 이렇게 말한다! 🎧 05-01

중국인과 어떻게 대화할지 막막하다고? 패턴을 활용해보자!

我是头一次来这儿的,
Wǒ shì tóu yí cì lái zhèr de,

地铁站怎么走啊?
dìtiězhàn zěnme zǒu a?

没事儿,
Méi shìr,

我带你去地铁站吧。
wǒ dài nǐ qù dìtiězhàn ba.

난 이곳에 처음 와봤어. 지하철역에 어떻게 가는 거야?

괜찮아, 내가 널 데리고 지하철역까지 가줄게.

头一次 tóu yí cì 처음, 첫 번째 | 地铁站 dìtiězhàn 명 지하철역

실생활에서 접할 수 있는 여러 가지 상황을 생각하며 패턴을 훈련하자!

상황 01	어디서?	병원에서
	누구에게?	거동이 불편한 환자에게

의사 제가 모시고 갈게요. 저를 따라오세요!

我带您去吧。请您跟我来!
Wǒ dài nín qù ba. Qǐng nín gēn wǒ lái!

✦ 跟我来。 [회화체] 저를 따라오세요.
Gēn wǒ lái.

상황 02	어디서?	사무실에서
	누구에게?	신입사원에게

대리 제가 당신을 데리고 회사 전체를 구경시켜줄게요.

我带你去参观一下整个公司吧。
Wǒ dài nǐ qù cānguān yíxià zhěnggè gōngsī ba.

상황 03	어디서?	길거리에서
	누구에게?	길을 묻는 행인에게

나 그곳은 찾기 좀 어려워서요. 제가 당신을 데리고 그곳에 가드릴게요.

那儿不好找，我带您去那儿吧。
Nàr bù hǎo zhǎo, wǒ dài nín qù nàr ba.

✦ 不好 + 동사 [회화체] V하기 어렵다
예 不好说。 말하기 어려워.
Bù hǎo shuō.

整个 zhěnggè 형 전체의, 온

10가지 활용 예문을 입에 착 붙도록 말해보자!

1 我带你去吃饭吧。 Wǒ dài nǐ qù chīfàn ba.

2 我带他去你家吧。 Wǒ dài tā qù nǐ jiā ba.

3 我带你去海边吧。 Wǒ dài nǐ qù hǎibiān ba.

4 我带您去派出所吧。 Wǒ dài nín qù pàichūsuǒ ba.

5 我带你去那所医院吧。 Wǒ dài nǐ qù nà suǒ yīyuàn ba.

6 我带他去医院看病吧。 Wǒ dài tā qù yīyuàn kànbìng ba.

7 我带你去很浪漫的地方吧。 Wǒ dài nǐ qù hěn làngmàn de dìfang ba.

8 你带他去百货店买点衣服吧。 Nǐ dài tā qù bǎihuòdiàn mǎi diǎn yīfu ba.

9 你带他们去参观一下工厂吧。 Nǐ dài tāmen qù cānguān yíxià gōngchǎng ba.

10 你带我去你之前说过的餐厅吧。 Nǐ dài wǒ qù nǐ zhīqián shuōguo de cāntīng ba.

海边 hǎibiān 명 바닷가 | 派出所 pàichūsuǒ 명 파출소 | 所 suǒ 양 학교·병원 등을 세는 단위 | 浪漫 làngmàn 형 낭만적이다 | 百货店 bǎihuòdiàn 명 백화점 | 工厂 gōngchǎng 명 공장

STEP 3의 예문을 셀로판지로 가리고 암기하자! 숙지되면 빠른 속도로 훈련하기!

		느린 속도 ▶▶ 빠른 속도

내가 너를 데리고 밥 먹으러 갈게. 　吃饭　 ☐ ☐

내가 그를 데리고 너희 집으로 갈게. 　你家　 ☐ ☐

내가 너를 데리고 바닷가에 가줄게. 　海边　 ☐ ☐

제가 당신을 모시고 파출소에 갈게요. 　派出所　 ☐ ☐

내가 너를 데리고 그 병원에 가줄게. 　医院　 ☐ ☐

내가 그를 데리고 병원에 가서 진료 받을게. 　看病　 ☐ ☐

내가 너를 데리고 아주 낭만적인 곳으로 가줄게. 　浪漫　 ☐ ☐

네가 그를 데리고 백화점 가서 옷 좀 사라. 　百货店　 ☐ ☐

네가 그들을 데리고 공장을 구경시켜줘. 　参观　 ☐ ☐

나를 데리고 네가 이전에 말했던 식당에 가줘. 　餐厅　 ☐ ☐

◀ 패턴 06 음성 강의

好好(儿)···(吧)

똑바로(/잘) ~해라

✓ 어떠한 행동을 보다 정확하고 똑바로 잘하라는 당부의 표현입니다.

STEP 1 중국인은 실생활에서 이렇게 말한다! 🎧 06-01

중국인과 어떻게 대화할지 막막하다고? 패턴을 활용해보자!

见父母？你怎么之前
Jiàn fùmǔ? Nǐ zěnme zhīqián

没跟我说呢？
méi gēn wǒ shuō ne?

我给你五分钟，
Wǒ gěi nǐ wǔ fēnzhōng,

好好儿考虑一下吧。
hǎohāor kǎolǜ yíxià ba.

부모님을 뵙자고? 나한테 왜 미리 말 안 했어?

지금 5분 줄 테니까 잘 생각해봐!

之前 zhīqián 명 이전 | 考虑 kǎolǜ 동 고민하다, 생각하다

실생활에서 접할 수 있는 여러 가지 상황을 생각하며 패턴을 훈련하자!

상황 01	어디서?	회사에서
	누구에게?	보고서를 엉망으로 작성한 부하직원에게

과장 보고서가 어디에 문제가 있는지 다시 잘 생각해봐!

你再好好儿想一下报告书哪里有问题!

Nǐ zài hǎohāor xiǎng yíxià bàogàoshū nǎlǐ yǒu wèntí!

상황 02	어디서?	병원에서
	누구에게?	퇴원하는 환자에게

의사 집에 가셔서 몸을 잘 보양(관리)하세요.

你回家好好儿保养身体吧。

Nǐ huí jiā hǎohāor bǎoyǎng shēntǐ ba.

상황 03	언제?	상점에서 선물을 구매한 후
	누구에게?	판매원에게

손님 잘 좀 포장해주세요!

请您帮我好好儿包装一下吧!

Qǐng nín bāng wǒ hǎohāor bāozhuāng yíxià ba!

> ✄ 帮我 + 동사 + 一下!
> 좀 V해주세요!
> 예 帮我找一下! 좀 찾아주세요!
> Bāng wǒ zhǎo yíxià!

报告书 bàogàoshū 명 보고서 | 保养 bǎoyǎng 동 보양하다 | 包装 bāozhuāng 동 포장하다

10가지 활용 예문을 입에 착 붙도록 말해보자!

1 你好好儿跟我说吧。　　Nǐ hǎohāor gēn wǒ shuō ba.

2 你回家好好儿休息吧。　　Nǐ huí jiā hǎohāor xiūxi ba.

3 你好好儿听老师的话吧。　　Nǐ hǎohāor tīng lǎoshī de huà ba.

4 你们好好儿准备考试吧。　　Nǐmen hǎohāor zhǔnbèi kǎoshì ba.

5 你好好儿写自己的名字吧。　　Nǐ hǎohāor xiě zìjǐ de míngzì ba.

6 你好好儿收拾一下房子吧。　　Nǐ hǎohāor shōushi yíxià fángzi ba.

7 我来做，你好好儿看书吧！　　Wǒ lái zuò, nǐ hǎohāor kàn shū ba!

8 我们先好好儿商量一下吧。　　Wǒmen xiān hǎohāor shāngliang yíxià ba.

9 我们好好儿保持现在的状态吧。　　Wǒmen hǎohāor bǎochí xiànzài de zhuàngtài ba.

10 我们先好好儿设计一下明天干什么。　　Wǒmen xiān hǎohāor shèjì yíxià míngtiān gàn shénme.

休息 xiūxi 동 휴식하다 | 收拾 shōushi 동 정리하다 | 保持 bǎochí 동 유지하다 | 状态 zhuàngtài 명 상태 | 设计 shèjì 동 설계하다, 계획하다

STEP 3의 예문을 셀로판지로 가리고 암기하자! 숙지되면 빠른 속도로 훈련하기!

		느린 속도 ▶▶ 빠른 속도	
너 나에게 잘 말해봐.	说	☐	☐
너는 집에 가서 잘 쉬어라.	休息	☐	☐
너는 선생님 말씀을 잘 들어라.	听	☐	☐
너희는 시험을 제대로 준비해라.	准备	☐	☐
너는 네 이름을 똑바로 써라.	名字	☐	☐
너는 집을 좀 잘 정리해라.	收拾	☐	☐
내가 할 테니까 넌 책이나 제대로 봐!	来	☐	☐
우리 우선 상의를 잘 해보자.	商量	☐	☐
우리 지금의 상태를 잘 유지하자.	保持	☐	☐
우리 일단 내일 뭘 할지 잘 계획해보자.	设计	☐	☐

◀ 패턴 07 음성 강의

替 A···

A를 대신하여(/위해/때문에) ~하다

✓ 누군가를 위하여 혹은 누군가를 대신하여 어떠한 행위를 한다는 의미입니다.

STEP 1 중국인은 실생활에서 이렇게 말한다!

🎧 07-01

중국인과 어떻게 대화할지 막막하다고? 패턴을 활용해보자!

我犯了很低级的错误,
Wǒ fàn le hěn dījí de cuòwù,

我该怎么办呢?
wǒ gāi zěnme bàn ne?

没事儿!
Méi shìr!

我替你处理吧!
Wǒ tì nǐ chǔlǐ ba!

나는 저급한 실수를 저질렀어. 어떻게 해야 하지?

괜찮아! 내가 너 대신 처리해줄게!

犯 fàn 동 저지르다 | 低级 dījí 형 저급한 | 错误 cuòwù 명 잘못, 실수

실생활에서 접할 수 있는 여러 가지 상황을 생각하며 패턴을 훈련하자!

	어디서?	회사에서
	누구에게?	팔을 다친 동료에게

동료 제가 대신 커피 타러 갈게요.

我替你去冲咖啡吧。

Wǒ tì nǐ qù chōng kafei ba.

	언제?	직장 동료와 통화할 때
	누구에게?	급한 일이 있는 동료에게

동료 내가 너 대신 회사에 휴가를 내줄게.

我替你跟公司请假吧。

Wǒ tì nǐ gēn gōngsī qǐngjià ba.

	어디서?	회식 자리에서
	누구에게?	부장님에게

과장 이 사람은 술을 안 마시는데 제가 대신 마실게요.

他不喝酒，我替他喝吧。

Tā bù hē jiǔ, wǒ tì tā hē ba.

冲咖啡 chōng kāfēi 커피를 타다 | 请假 qǐngjià 동 휴가를 내다

10가지 활용 예문을 입에 착 붙도록 말해보자!

1 我替你去吧。 Wǒ tì nǐ qù ba.

2 我替你跟他说吧。 Wǒ tì nǐ gēn tā shuō ba.

3 你替他道歉吧。 Nǐ tì tā dàoqiàn ba.

4 我替你订酒店吧。 Wǒ tì nǐ dìng jiǔdiàn ba.

5 我替你做饭吧。 Wǒ tì nǐ zuòfàn ba.

6 我要替他报仇。 Wǒ yào tì tā bàochóu.

7 你替别人着想吧。 Nǐ tì biérén zhuóxiǎng ba.

8 他替我订了机票。 Tā tì wǒ dìng le jīpiào.

9 妈妈总是替我担心。 Māma zǒngshì tì wǒ dānxīn.

10 朋友替我交了学费。 Péngyou tì wǒ jiāo le xuéfèi.

道歉 dàoqiàn 통 사과하다 | 订 dìng 통 예약하다 | 酒店 jiǔdiàn 명 호텔 | 报仇 bàochóu 통 복수하다 | 着想 zhuóxiǎng 통 고려하다 | 总是 zǒngshì 부 항상 | 学费 xuéfèi 명 학비

STEP 3의 예문을 셀로판지로 가리고 암기하자! 숙지되면 빠른 속도로 훈련하기!

		느린 속도 ⟫ 빠른 속도
내가 너 대신 가줄게.	去	☐ ☐
내가 너 대신 그에게 말해줄게.	说	☐ ☐
네가 그 사람 대신 사과해.	道歉	☐ ☐
내가 너 대신 호텔을 예약할게.	酒店	☐ ☐
내가 너 대신 밥을 할게.	做饭	☐ ☐
나는 그를 위해 복수를 하려고 해.	报仇	☐ ☐
너는 다른 사람을 위해 생각을 좀 해봐.	着想	☐ ☐
그가 나 대신 비행기 티켓을 예약해줬어.	机票	☐ ☐
엄마는 항상 나 때문에 걱정하셔.	担心	☐ ☐
친구가 나 대신 학비를 내줬어.	学费	☐ ☐

(你)别乱···

(너는) 함부로(/막) ~하지 마라

✓ 함부로 혹은 마음대로 어떠한 행동을 하려는 상대에게 하는 말입니다.

STEP 1 중국인은 실생활에서 이렇게 말한다! 🎧 08-01

중국인과 어떻게 대화할지 막막하다고? 패턴을 활용해보자!

你对我妹妹有意思?
Nǐ duì wǒ mèimei yǒuyìsi?
我来撮合你们吧!
Wǒ lái cuōhe nǐmen ba!

不! 不! 千万别乱撮合!
Bù! Bù! Qiānwàn bié luàn cuōhe!
我有女朋友。
Wǒ yǒu nǚ péngyou.

★ 对A有意思 [회화체] A에게 관심이 있다
예 你对她有意思吗?
Nǐ duì tā yǒuyìsi ma?
너 그 여자에게 관심 있어?

너 내 여동생한테 관심 있냐? 내가 너희 둘 엮어줄게!

아니! 아니! 제발 함부로 엮지 마! 난 여친 있어.

撮合 cuōhe 동 관계를 맺어주다 | 千万 qiānwàn 부 제발, 절대로

실생활에서 접할 수 있는 여러 가지 상황을 생각하며 패턴을 훈련하자!

상황 01	언제?	주말에 데이트를 앞두고 준비하던 중
	누구에게?	내 옷을 입고 나가려는 룸메이트에게

룸메 내 옷 함부로 건드리지 말라고!

你别乱碰我的衣服!
Nǐ bié luàn pèng wǒ de yīfu!

상황 02	어디서?	채소가게에서
	누구에게?	과일을 막 섞어서 담고 있는 주인에게

손님 막 담지 마시고요! 따로 담아주세요!

别乱装! 分开装一下!
Bié luàn zhuāng! Fēnkāi zhuāng yíxià!

상황 03	어디서?	박물관에서
	누구에게?	사진을 함부로 찍는 사람에게

관리 직원 실례지만 함부로 사진 찍지 마세요.

不好意思，请别乱拍照。
Bù hǎoyìsi, qǐng bié luàn pāizhào.

碰 pèng 동 건드리다, 만지다 │ 装 zhuāng 동 담다 │ 分开 fēnkāi 동 나누다, 가르다

10가지 활용 예문을 입에 착 붙도록 말해보자!

1   你别乱说。   Nǐ bié luàn shuō.

2   你别乱写。   Nǐ bié luàn xiě.

3   你别乱猜。   Nǐ bié luàn cāi.

4   你别乱想。   Nǐ bié luàn xiǎng.

5   你别乱吃。   Nǐ bié luàn chī.

6   你千万别乱来。   Nǐ qiānwàn bié luàn lái.

7   你别乱挑衣服。   Nǐ bié luàn tiāo yīfu.

8   你别乱判断别人。   Nǐ bié luàn pànduàn biérén.

9   你别乱用这些东西。   Nǐ bié luàn yòng zhèxiē dōngxi.

10   你别乱动别人的东西。   Nǐ bié luàn dòng biérén de dōngxi.

猜 cāi 통 추측하다 ｜ 挑 tiāo 통 고르다 ｜ 判断 pànduàn 통 판단하다 ｜ 这些 zhèxiē 대 이것들

STEP 3의 예문을 셀로판지로 가리고 암기하자! 숙지되면 빠른 속도로 훈련하기!

		느린 속도 ≫ 빠른 속도

너는 함부로 말하지 마라. 说 ☐ ☐

너는 함부로 낙서하지 마라. 写 ☐ ☐

너는 막 추측하지 마라. 猜 ☐ ☐

너는 함부로 생각하지 마라. 想 ☐ ☐

너는 함부로 먹지 마라. 吃 ☐ ☐

너는 제발 함부로 행동하지 마라. 来 ☐ ☐

너는 옷을 막 고르지 마라. 挑 ☐ ☐

너는 다른 사람을 함부로 판단하지 마라. 判断 ☐ ☐

너는 이 물건들을 함부로 사용하지 마라. 用 ☐ ☐

너는 다른 사람 물건을 함부로 건드리지 마라. 动 ☐ ☐

◀ 패턴 09 음성 강의

还没…呢

아직 ~하지 않았어(/~ 못 했어)

✓ 보통 어떤 행동이나 상황을 다 끝마치지 않았을 때 사용하는 강조형 회화체입니다.
그렇기 때문에 동사 뒤에 종종 '完'을 씁니다.

STEP 1 중국인은 실생활에서 이렇게 말한다! 🎧 09-01

중국인과 어떻게 대화할지 막막하다고? 패턴을 활용해보자!

听说你搬家了?
Tīngshuō nǐ bānjiā le?

今天可以去你家玩儿吗?
Jīntiān kěyǐ qù nǐ jiā wánr ma?

昨天刚搬过来,
Zuótiān gāng bān guòlái,

还没收拾完呢!
hái méi shōushi wán ne!

너 이사했다며? 오늘 너희 집에 놀러 가도 돼?

어제 막 이사 와서 아직 정리를 다 하지 못했어!

听说 tīngshuō 통 듣자 하니 | 搬家 bānjiā 통 이사하다 | 刚 gāng 부 방금, 막

실생활에서 접할 수 있는 여러 가지 상황을 생각하며 패턴을 훈련하자!

상황 01	어디서?	택시에서
	누구에게?	목적지가 아닌데 막 내리려는 손님에게

 택시 기사 아직 도착하지 않았어요! 곧 도착합니다.

还没到呢！快到了。
Hái méi dào ne! Kuài dào le.

> ☆ 快 … 了 곧 ~하다
> 예 快吃完了! 곧 다 먹어가!
> Kuài chīwán le!

상황 02	어디서?	중화요리집에서
	누구에게?	음식 배달이 출발했는지 묻는 손님에게

 식당 주인 조금만 기다려주세요! 아직 출발 못 했어요!

稍微等一下！还没出发呢！
Shāowēi děng yíxià! Hái méi chūfā ne!

상황 03	어디서?	학교에서
	누구에게?	발표를 시키는 선생님에게

 학생 선생님, 전 아직 생각을 다 못 했어요!

老师，我还没想好呢！
Lǎoshī, wǒ hái méi xiǎnghǎo ne!

稍微 shāowēi 부 약간, 조금 | 出发 chūfā 동 출발하다

10가지 활용 예문을 입에 착 붙도록 말해보자!

1 她**还没**到**呢**！　　　　　　　Tā hái méi dào ne!

2 我**还没**看完**呢**。　　　　　　　Wǒ hái méi kànwán ne.

3 我**还没**吃完**呢**。　　　　　　　Wǒ hái méi chīwán ne.

4 我**还没**听完**呢**！　　　　　　　Wǒ hái méi tīngwán ne!

5 我**还没**说完**呢**！　　　　　　　Wǒ hái méi shuōwán ne!

6 我**还没**做完**呢**！　　　　　　　Wǒ hái méi zuòwán ne!

7 他们**还没**回来**呢**！　　　　　　Tāmen hái méi huílái ne!

8 他**还没**跟我说**呢**。　　　　　　Tā hái méi gēn wǒ shuō ne.

9 他**还没**完成任务**呢**。　　　　　Tā hái méi wánchéng rènwù ne.

10 她**还没**拿到HSK成绩**呢**。　　　Tā hái méi nádào HSK chéngjì ne.

完成 wánchéng 동 완성하다 | 任务 rènwù 명 임무 | 拿到 nádào 동 가져오다 | 成绩 chéngjì 명 성적

STEP 3의 예문을 셀로판지로 가리고 암기하자! 숙지되면 빠른 속도로 훈련하기!

		느린 속도 ≫ 빠른 속도
그녀는 아직 도착하지 않았어!	到	☐ ☐
나 아직 다 안 봤어.	看	☐ ☐
나 아직 다 안 먹었어.	吃	☐ ☐
나 아직 다 못 들었는데!	听	☐ ☐
나 아직 말 다 안 끝났는데!	说	☐ ☐
나는 아직 다 못 했어!	做	☐ ☐
그들은 아직 돌아오지 않았는데요!	回来	☐ ☐
그는 아직 나에게 말을 안 했어.	跟我	☐ ☐
그는 아직 임무를 완성하지 못했어요.	完成	☐ ☐
그녀는 아직 HSK 성적을 못 땄어.	拿到	☐ ☐

Pattern 10

是不是有点儿…?

조금 ~하지 않아?

⊘ 어떠한 상황에 대한 의견을 물을 때 사용하는 표현입니다.

STEP 1 중국인은 실생활에서 이렇게 말한다! 🎧 10-01

중국인과 어떻게 대화할지 막막하다고? 패턴을 활용해보자!

是不是有点儿淡?
Shì bú shì yǒudiǎnr dàn?
阿姨! 来点儿盐吧!
Āyí! Lái diǎnr yán ba!

别叫了! 将就着吃吧!
Bié jiào le! Jiāngjiù zhe chī ba!

✡ 将就着 + 동사 + 吧
그냥 대충 ▼ 해라
예 将就着穿吧。
　　Jiāngjiù zhe chuān ba.
그냥 대충 입어라.

조금 싱겁지 않아? 아주머니! 소금 좀 주세요!

부르지 마! 그냥 대충 먹자!

淡 dàn 형 싱겁다 ｜ 盐 yán 명 소금

실생활에서 접할 수 있는 여러 가지 상황을 생각하며 패턴을 훈련하자!

상황 01	어디서?	호텔에서
	누구에게?	동료에게

동료 이 호텔 서비스가 좀 별로인 거 같지 않아?

这家酒店的服务是不是有点儿差啊?
Zhè jiā jiǔdiàn de fúwù shì bú shì yǒudiǎnr chà a?

상황 02	어디서?	병원에서
	누구에게?	환자에게

의사 목이 좀 가렵지 않아요?

嗓子是不是有点儿痒?
Sǎngzi shì bú shì yǒudiǎnr yǎng?

상황 03	어디서?	옷 가게에서
	누구에게?	가게 직원에게

손님 이 옷 좀 조이는 거 아닌가요?

这衣服是不是有点儿紧?
Zhè yīfu shì bú shì yǒudiǎnr jǐn?

좀 더 큰 거 없나요?

没有再大一点儿的吗?
Méiyǒu zài dà yìdiǎnr de ma?

服务 fúwù 명 서비스 동 서비스하다 | 差 chà 형 부족하다 | 嗓子 sǎngzi 명 목(구멍) | 痒 yǎng 형 가렵다, 근질근질하다 | 紧 jǐn 형 조이다, 팽팽하다

10가지 활용 예문을 입에 착 붙도록 말해보자!

1 是不是有点儿多?   Shì bú shì yǒudiǎnr duō?

2 是不是有点儿高?   Shì bú shì yǒudiǎnr gāo?

3 这道菜是不是有点儿咸?   Zhè dào cài shì bú shì yǒudiǎnr xián?

4 这颜色是不是有点儿浓?   Zhè yánsè shì bú shì yǒudiǎnr nóng?

5 这文章是不是有点儿长?   Zhè wénzhāng shì bú shì yǒudiǎnr cháng?

6 明天去是不是有点儿晚?   Míngtiān qù shì bú shì yǒudiǎnr wǎn?

7 他长得是不是有点儿丑啊?   Tā zhǎng de shì bú shì yǒudiǎnr chǒu a?

8 进行的速度是不是有点儿快?   Jìnxíng de sùdù shì bú shì yǒudiǎnr kuài?

9 文老师的语速是不是有点儿快?   Wén lǎoshī de yǔsù shì bú shì yǒudiǎnr kuài?

10 现在去, 时间是不是有点儿早啊?   Xiànzài qù, shíjiān shì bú shì yǒudiǎnr zǎo a?

咸 xián 형 짜다 | 颜色 yánsè 명 색깔 | 浓 nóng 형 진하다, 짙다 | 文章 wénzhāng 명 문장 | 丑 chǒu 형 (용모가) 추하다, 못생기다 | 进行 jìnxíng 동 진행하다 | 语速 yǔsù 명 말하는 속도

STEP 3의 예문을 셀로판지로 가리고 암기하자! 숙지되면 빠른 속도로 훈련하기!

		느린 속도 ▶▶ 빠른 속도

조금 많지 않아? 　多

조금 높지 않아? 　高

이 음식 조금 짜지 않아? 　咸

이 색깔 좀 진한 거 같지 않아? 　浓

이 문장 조금 길지 않아? 　长

내일 가면 좀 늦지 않아? 　晚

걔는 생긴 게 조금 못생기지 않았어? 　丑

진행되는 속도가 조금 빠르지 않아? 　进行

문 썜 말이 좀 빠르지 않아? 　快

지금 가면 시간이 좀 이르지 않아? 　早

01

来…吧!

~할게! / ~해봐!

- 내가 그에게 말할게!
- 네가 설명 좀 해봐!
- 내가 이 문제 대답할게!

02

怎么能…呢?

어떻게 ~할 수 있어?

- 너는 어떻게 안 먹을 수가 있냐?
- 그는 어떻게 이렇게 말할 수가 있지?
- 너는 어떻게 나를 이렇게 판단할 수 있어?

10

是不是有点儿…?

조금 ~하지 않아?

- 이 음식 조금 짜지 않아?
- 진행되는 속도가 조금 빠르지 않아?
- 지금 가면 시간이 좀 이르지 않아?

Pattern
01~10

09

还没…呢

아직 ~하지 않았어(/~ 못 했어)

- 나 아직 다 안 먹었어.
- 나 아직 말 다 안 끝났는데!
- 그녀는 아직 HSK 성적을 못 땄어.

08

(你)别乱…

(너는) 함부로(/막) ~하지 마라

- 너는 함부로 말하지 마라.
- 너는 막 추측하지 마라.
- 너는 제발 함부로 행동하지 마라.

03

A的名字叫…

A의 이름은 ~이야

- ✅ 이 노래 이름은 '사랑'이야.
- ✅ 이 대학교 이름은 '베이징대학교'예요.
- ✅ 중국인이 자주 먹는 간식 이름은 '해바라기 씨'예요.

04

要提前…

미리 ~해야 해

- ✅ 너는 미리 준비해.
- ✅ 나는 수업을 좀 일찍 끝내야 해.
- ✅ 너는 미리 모두에게 알려야 해.

내 문장으로 만들기!

05

带A去…吧

A를 데리고 ~하러(/~에) 가다

- ✅ 내가 그를 데리고 너희 집으로 갈게.
- ✅ 내가 너를 데리고 그 병원에 가줄게.
- ✅ 네가 그들을 데리고 공장을 구경시켜줘.

07

替A…

A를 대신하여(/위해/때문에) ~하다

- ✅ 내가 너 대신 가줄게.
- ✅ 내가 너 대신 밥을 할게.
- ✅ 너는 다른 사람을 위해 생각을 좀 해봐.

06

好好(儿)…(吧)

똑바로(/잘) ~해라

- ✅ 너는 집에 가서 잘 쉬어라.
- ✅ 너는 집을 좀 잘 정리해라.
- ✅ 우리 일단 내일 뭘 할지 잘 계획해보자.

Pattern 11~20

당연하다는 어기의 문장 + 嘛!

(당연히) ~잖아!

✔ '嘛'는 당연한 상황 혹은 당연한 사실을 말할 때 주로 사용하는 어기조사입니다.

STEP 1 중국인은 실생활에서 이렇게 말한다! 🎧11-01

중국인과 어떻게 대화할지 막막하다고? 패턴을 활용해보자!

到底为什么要我先
Dàodǐ wèi shénme yào wǒ xiān
跟他道歉呢?
gēn tā dàoqiàn ne?

他毕竟是你的上司嘛!
Tā bìjìng shì nǐ de shàngsi ma!

도대체 왜 내가 먼저 그에게 사과를 해야 해?

그는 어쨌든 네 상사잖아!

到底 dàodǐ 부 도대체 | 道歉 dàoqiàn 동 사과하다 | 毕竟 bìjìng 부 어쨌든 | 上司 shàngsi 명 상사

실생활에서 접할 수 있는 여러 가지 상황을 생각하며 패턴을 훈련하자!

상황 01	어디서?	빠르게 달리는 차에서
	누구에게?	스피드광 친구에게

친구 천천히 좀 가! 속도가 너무 빠르잖아!

慢点儿开吧！超速了嘛！
Màn diǎnr kāi ba! Chāosù le ma!

상황 02	어디서?	단골 가게에서
	누구에게?	가격을 조금이라도 깎아보려고 주인에게

단골 손님 조금만 더 깎아주세요! 저는 단골이잖아요!

再便宜点儿吧！我是常客嘛！
Zài piányi diǎnr ba! Wǒ shì chángkè ma!

상황 03	언제?	외출 전 바깥 공기를 확인한 후
	누구에게?	딸에게

엄마 마스크 쓰고 나가! 밖에 공기 별로잖아!

戴着口罩出去吧！外边空气不好嘛！
Dàizhe kǒuzhào chūqù ba! Wàibian kōngqì bù hǎo ma!

超速 chāosù 동 속도위반하다, 과속하다 | 常客 chángkè 명 단골손님 | 戴 dài 동 착용하다 | 口罩 kǒuzhào 명 마스크 | 空气 kōngqì 명 공기

10가지 활용 예문을 입에 착 붙도록 말해보자!

1 你没带钱嘛！   Nǐ méi dài qián ma!

2 今天是周末嘛！   Jīntiān shì zhōumò ma!

3 我不会喝酒嘛！   Wǒ bú huì hē jiǔ ma!

4 我明天上班嘛！   Wǒ míngtiān shàngbān ma!

5 他没有报名嘛！   Tā méiyǒu bàomíng ma!

6 早点儿回家吧，明天有考试嘛！   Zǎo diǎnr huí jiā ba, míngtiān yǒu kǎoshì ma!

7 昨天给你了嘛，为什么说没有？   Zuótiān gěi nǐ le ma, wèi shénme shuō méiyǒu?

8 拿走吧，你的妈妈喜欢这个嘛！   Ná zǒu ba, nǐ de māma xǐhuan zhège ma!

9 给他打电话吧，他是恋爱专家嘛！   Gěi tā dǎ diànhuà ba, tā shì liàn'ài zhuānjiā ma!

10 你陪他一起去吧，他不会说汉语嘛！   Nǐ péi tā yìqǐ qù ba, tā bú huì shuō Hànyǔ ma!

上班 shàngbān 동 출근하다 | 报名 bàomíng 동 등록하다 | 恋爱专家 liàn'ài zhuānjiā 연애 전문가 | 陪 péi 동 모시다, 데리다

STEP 3의 예문을 셀로판지로 가리고 암기하자! 숙지되면 빠른 속도로 훈련하기!

		느린 속도 ≫ 빠른 속도
너는 돈을 안 가져왔잖아!	钱	☐ ☐
오늘은 주말이잖아!	周末	☐ ☐
나는 술 못 마시잖아!	酒	☐ ☐
나는 내일 출근하잖아!	上班	☐ ☐
그는 등록을 안 했잖아!	报名	☐ ☐
일찍 집에 가자. 내일 시험이 있잖아!	考试	☐ ☐
어제 너에게 줬잖아. 왜 없다고 해?	给	☐ ☐
가지고 가. 너희 어머니께서 이거 좋아하시잖아!	喜欢	☐ ☐
그에게 전화해봐. 그는 연애 전문가잖아!	恋爱专家	☐ ☐
네가 그와 함께 가줘. 그는 중국어를 못 하잖아!	汉语	☐ ☐

Pattern 12

这(/那)不是 … 吗?

이(/저/그)것은 ~아니야?

✅ 사물을 판단할 때 쓰이는 패턴으로 회화체의 강조 문형입니다.

STEP 1 중국인은 실생활에서 이렇게 말한다! 🎧 12-01

중국인과 어떻게 대화할지 막막하다고? 패턴을 활용해보자!

现在可以睁开眼睛。
Xiànzài kěyǐ zhēngkāi yǎnjing.
来! 你的生日礼物!
Lái! Nǐ de shēngrì lǐwù!

这不是我最喜欢的
Zhè bú shì wǒ zuì xǐhuan de
牌子吗?
páizi ma?

이제 눈을 떠도 돼. 자! 네 생일 선물이야!

이건 내가 제일 좋아하는 브랜드 아니야?

睁开 zhēngkāi 동 (눈을) 뜨다 | 眼睛 yǎnjing 명 눈 [신체 부위] | 牌子 páizi 명 상표, 브랜드

실생활에서 접할 수 있는 여러 가지 상황을 생각하며 패턴을 훈련하자!

| 상황 01 | 어디서? | 길거리에서 |
| | 무엇을 하며? | 앞에 가는 사람이 떨어뜨린 지갑을 주우며 |

행인 저기요! 이거 그쪽 지갑 아닌가요?

喂，你好！这不是你的钱包吗?
Wèi, nǐ hǎo! Zhè bú shì nǐ de qiánbāo ma?

| 상황 02 | 무엇을 하며? | 상품의 유통기한을 확인하며 |
| | 누구에게? | 마트 주인에게 |

손님 이거 유통기한이 이미 지난 거 아닌가요?

这不是已经过期的吗?
Zhè bú shì yǐjīng guòqī de ma?

| 상황 03 | 어디서? | 옷 가게에서 |
| | 누구에게? | 옷을 보여주며 추천하는 직원에게 |

고객 그건 여성 (옷) 아닌가요? 제가 원하는 것은 남성 (옷)이예요.

那不是女款吗? 我要的是男款。
Nà bú shì nǚkuǎn ma? Wǒ yào de shì nánkuǎn.

喂 wèi 감 저기요, 야 [부르는 소리] | 过期 guòqī 동 유통기한이 지나다 | 女款 nǚkuǎn 형 (패션에서) 여성의 |
男款 nánkuǎn 형 (패션에서) 남성의

10가지 활용 예문을 입에 착 붙도록 말해보자!

1 那不是你贴的吗?   Nà bú shì nǐ tiē de ma?

2 那不是你弄的吗?   Nà bú shì nǐ nòng de ma?

3 这不是你做的吗?   Zhè bú shì nǐ zuò de ma?

4 这不是我给你的吗?   Zhè bú shì wǒ gěi nǐ de ma?

5 这不是你的东西吗?   Zhè bú shì nǐ de dōngxi ma?

6 这不是老师的车吗?   Zhè bú shì lǎoshī de chē ma?

7 那不是你前任女友吗?   Nà bú shì nǐ qiánrèn nǚyǒu ma?

8 那不是你想买的包吗?   Nà bú shì nǐ xiǎng mǎi de bāo ma?

9 这不是你自己的问题吗?   Zhè bú shì nǐ zìjǐ de wèntí ma?

10 这不是你喜欢的类型吗?   Zhè bú shì nǐ xǐhuan de lèixíng ma?

贴 tiē 동 붙이다 | 弄 nòng 동 하다, 행하다 | 前任女友 qiánrèn nǚyǒu 전 여자 친구 | 类型 lèixíng 명 유형, 스타일

STEP 3의 예문을 셀로판지로 가리고 암기하자! 숙지되면 빠른 속도로 훈련하기!

		느린 속도 ⟫ 빠른 속도
저건 네가 붙인 거 아니야?	贴	☐ ☐
저건 네가 한 거 아니야?	弄	☐ ☐
이건 네가 만든 거 아니야?	做	☐ ☐
이건 내가 너에게 준 거 아니야?	给	☐ ☐
이건 네 물건 아니야?	东西	☐ ☐
이건 선생님 차 아니야?	车	☐ ☐
저 사람 네 전 여친 아니야?	前任	☐ ☐
저건 네가 사고 싶다던 가방 아니야?	包	☐ ☐
이건 네 스스로의 문제 아니야?	问题	☐ ☐
이건 네가 좋아하는 스타일 아니야?	类型	☐ ☐

Pattern 13

◀ 패턴 13 음성 강의

我正要…(呢)

난 지금 ~하려던 참이야

✓ 마침 무언가를 하려고 함을 강조하는 표현입니다.

STEP 1 중국인은 실생활에서 이렇게 말한다! 🎧 13-01

중국인과 어떻게 대화할지 막막하다고? 패턴을 활용해보자!

喂! 现在都几点了?
Wéi! Xiànzài dōu jǐ diǎn le?

还不来干吗呢?
Hái bù lái gànmá ne?

我正要给你打电话呢!
Wǒ zhèng yào gěi nǐ dǎ diànhuà ne!

여보세요! 지금 몇 시야? 아직도 안 오고 뭐 해?

나 마침 너한테 전화하려던 참이었어!

喂 wéi 감 (전화상에서) 여보세요 | 都 dōu 부 이미, 벌써 | 干吗 gànmá 뭐 하고 있어?

실생활에서 접할 수 있는 여러 가지 상황을 생각하며 패턴을 훈련하자!

상황 01	어디서?	회사에서
	누구에게?	음료수라도 가져오라는 상사에게

부하직원 제가 마침 커피를 타러 가려던 참입니다.

我正要去冲咖啡呢。
Wǒ zhèng yào qù chōng kāfēi ne.

상황 02	어디서?	맛집으로 소문난 중국집에서
	누구에게?	아직도 출발하지 않았냐는 손님에게

배달직원 제가 지금 출발하려던 참입니다.

我正要出发呢。
Wǒ zhèng yào chūfā ne.

상황 03	어디서?	레스토랑에서
	누구에게?	나 몰래 이미 계산을 해버린 친구에게

밉상친구 내가 막 돈을 내려고 하던 참인데!

我正要买单呢！
Wǒ zhèng yào mǎidān ne!

出发 chūfā 동 출발하다 | 买单 mǎidān 동 계산하다, 지불하다

10가지 활용 예문을 입에 착 붙도록 말해보자!

1 我正要看书呢。　　　　Wǒ zhèng yào kàn shū ne.

2 我正要睡觉呢。　　　　Wǒ zhèng yào shuìjiào ne.

3 我正要去找你呢。　　　Wǒ zhèng yào qù zhǎo nǐ ne.

4 我正要吃夜宵呢。　　　Wǒ zhèng yào chī yèxiāo ne.

5 我正要跟你说呢。　　　Wǒ zhèng yào gēn nǐ shuō ne.

6 我正要打开电脑呢。　　Wǒ zhèng yào dǎkāi diànnǎo ne.

7 我正要跟你借钱呢。　　Wǒ zhèng yào gēn nǐ jiè qián ne.

8 我正要去银行取钱呢。　Wǒ zhèng yào qù yínháng qǔqián ne.

9 送你回家吧！我正要回家呢。　Sòng nǐ huí jiā ba! Wǒ zhèng yào huí jiā ne.

10 来一起吃吧！我正要叫外卖呢。　Lái yìqǐ chī ba! Wǒ zhèng yào jiào wàimài ne.

夜宵 yèxiāo 명 야식 | 借钱 jiè qián 돈을 빌리다 | 取钱 qǔqián 동 출금하다 | 送 sòng 동 바래다주다 |
叫外卖 jiào wàimài 음식을 배달시키다

STEP 3의 예문을 셀로판지로 가리고 암기하자! 숙지되면 빠른 속도로 훈련하기!

		느린 속도 ≫ 빠른 속도
난 마침 책을 보려던 참이야.	书	☐ ☐
난 지금 잠을 자려던 참이야.	睡觉	☐ ☐
난 마침 널 만나러 가려던 참이야.	找	☐ ☐
난 마침 야식을 먹으려던 참이야.	夜宵	☐ ☐
난 지금 너에게 말하려던 참이야.	说	☐ ☐
난 마침 컴퓨터를 켜려던 참이야.	打开	☐ ☐
난 마침 너에게 돈을 빌리려던 참이야.	借钱	☐ ☐
난 지금 은행에 가서 돈을 찾으려던 참이야.	取钱	☐ ☐
바래다줄게! 난 마침 집에 가려던 참이야.	回家	☐ ☐
와서 같이 먹자! 지금 배달을 시키려던 참이야.	外卖	☐ ☐

Pattern 14

◀ 패턴 14 음성 강의

实在是太⋯了

정말 ~하네요

✅ 어떠한 사물이나 상황에 대한 자신의 평가를 강조하는 표현입니다.

STEP 1 중국인은 실생활에서 이렇게 말한다!

🎧 14-01

중국인과 어떻게 대화할지 막막하다고? 패턴을 활용해보자!

今天是特殊的日子吗?
Jīntiān shì tèshū de rìzi ma?

您实在是太漂亮了!
Nín shízài shì tài piàoliang le!

我有那么漂亮吗?
Wǒ yǒu nàme piàoliang ma?

有那么 ⋯ 吗?
그렇게 ~한가요?

예 他有那么聪明吗?
Tā yǒu nàme cōngming ma?
그가 그렇게 똑똑한가요?

오늘 특별한 날인가요? 정말 아름다우세요!

내가 그렇게 예뻐요?

特殊 tèshū 형 특별하다

실생활에서 접할 수 있는 여러 가지 상황을 생각하며 패턴을 훈련하자!

상황 01	어디서?	헬스장에서
	누구에게?	무거운 아령을 들도록 시키는 코치에게

회원 대박! 이건 정말 무거운데요!

天哪! 这实在是太重了!
Tiān na! Zhè shízài shì tài zhòng le!

상황 02	어디서?	커피숍에서
	누구에게?	새로 온 종업원에게

손님 저 시럽 좀 넣어주세요! 정말 너무 쓰네요!

给我加点儿糖吧! 实在是太苦了!
Gěi wǒ jiā diǎnr táng ba! Shízài shì tài kǔ le!

⭐ 중국에서는 '시럽을 넣는다'라는 표현보다 '설탕을 넣는다'라는 표현을 더 자주 사용해요!

상황 03	어디서?	옷 가게에서
	무엇을 하며?	가격이 너무 비싸서 깎아달라고 말하며

손님 조금만 더 싸게 해주실래요? 이건 정말 너무 비싸네요!

能不能再便宜点儿? 这实在是太贵了!
Néng bù néng zài piányi diǎnr? Zhè shízài shì tài guì le!

天哪 tiān na 감 맙소사, 아이고 | 加 jiā 동 더하다, 추가하다 | 苦 kǔ 형 (맛이) 쓰다

10가지 활용 예문을 입에 착 붙도록 말해보자!

1 问题**实在是太**多了。 Wèntí shízài shì tài duō le.

2 这道题**实在是太**难了。 Zhè dào tí shízài shì tài nán le.

3 你们俩**实在是太**像了! Nǐmen liǎ shízài shì tài xiàng le!

4 这首歌**实在是太**好听了。 Zhè shǒu gē shízài shì tài hǎotīng le.

5 他的要求**实在是太**多了。 Tā de yāoqiú shízài shì tài duō le.

6 今天的天气**实在是太**热了! Jīntiān de tiānqì shízài shì tài rè le!

7 你的计划**实在是太**完美了。 Nǐ de jìhuà shízài shì tài wánměi le.

8 你做的菜**实在是太**好吃了! Nǐ zuò de cài shízài shì tài hǎochī le!

9 这道菜的味道**实在是太**咸了。 Zhè dào cài de wèidào shízài shì tài xián le.

10 我先回家吧，我**实在是太**累了。 Wǒ xiān huí jiā ba, wǒ shízài shì tài lèi le.

这道题 zhè dào tí 이 문제 | 俩 liǎ 두 사람 | 要求 yāoqiú 명 요구 동 요구하다 | 计划 jìhuà 명 계획 | 完美 wánměi 형 완벽하다, 훌륭하다 | 味道 wèidào 명 맛 | 咸 xián 형 (맛이) 짜다

STEP 3의 예문을 셀로판지로 가리고 암기하자! 숙지되면 빠른 속도로 훈련하기!

		느린 속도 ▶▶ 빠른 속도
문제가 정말 많네요.	问题	☐ ☐
이 문제는 정말 어려워.	道	☐ ☐
너희 둘은 정말 닮았구나!	像	☐ ☐
이 노래는 정말 듣기 좋아.	好听	☐ ☐
그의 요구사항은 정말 많더라고요.	要求	☐ ☐
오늘 날씨 정말 덥네요!	热	☐ ☐
네 계획은 정말 완벽해.	完美	☐ ☐
네가 한 음식 정말 맛있어!	好吃	☐ ☐
이 음식 (맛이) 정말 짜다.	味道	☐ ☐
난 먼저 집에 갈게. 나 정말 피곤해.	累	☐ ☐

Pattern 15

◀ 패턴 15 음성 강의

怎样才能…?

어떻게 해야만 ~할 수 있을까?

✅ 어떤 목표를 이루기 위한 방법을 고민할 때 사용하는 표현입니다.

STEP 1 중국인은 실생활에서 이렇게 말한다!

🎧 15-01

중국인과 어떻게 대화할지 막막하다고? 패턴을 활용해보자!

我**怎样才能**跟女朋友
Wǒ zěnyàng cái néng gēn nǚ péngyou
和好呢?
héhǎo ne?

你先想一下女朋友喜欢什么,
Nǐ xiān xiǎng yíxià nǚ péngyou xǐhuan shénme,
然后给她买!
ránhòu gěi tā mǎi!

⭐ **先 A 然后 B**
우선 A하고 그 다음에 B하다
예 先吃饭然后玩儿。
Xiān chīfàn ránhòu wánr.
우선 밥을 먹고 그 다음에 놀아.

내가 어떻게 해야만 여친과 화해를 할 수 있을까?

우선 여친이 좋아하는 게 뭔지 생각해보고 그걸 사줘!

和好 héhǎo 동 화해하다

STEP 2 다양한 상황 속에서 패턴을 뽑아내자!

실생활에서 접할 수 있는 여러 가지 상황을 생각하며 패턴을 훈련하자!

| 상황 01 | 어디서? | 헬스장에서 |
| | 누구에게? | 헬스 트레이너에게 |

신입회원 전 어떻게 해야 근육이 생길까요?

我怎样才能长肌肉啊?
Wǒ zěnyàng cái néng zhǎng jīròu a?

| 상황 02 | 누가? | 선생님이 되고 싶어하는 학생이 |
| | 누구에게? | 담임선생님에게 |

학생 제가 어떻게 하면 선생님이 될 수 있을까요?

我怎样才能成为老师?
Wǒ zěnyàng cái néng chéngwéi lǎoshī?

| 상황 03 | 어디서? | 취업 박람회에서 |
| | 누구에게? | 꿈꾸는 회사의 인사부 직원에게 |

취업준비생 제가 어떻게 하면 귀사에 들어갈 수 있을까요?

我怎样才能进入贵公司呢?
Wǒ zěnyàng cái néng jìnrù guì gōngsī ne?

长 zhǎng 동 생기다, 자라다 | 肌肉 jīròu 명 근육 | 成为 chéngwéi 동 ~가 되다 | 贵公司 guì gōngsī 귀하의 회사

10가지 활용 예문을 입에 착 붙도록 말해보자!

1 怎样才能买到?   Zěnyàng cái néng mǎidào?

2 怎样才能得到?   Zěnyàng cái néng dédào?

3 怎样才能找到?   Zěnyàng cái néng zhǎodào?

4 怎样才能完成?   Zěnyàng cái néng wánchéng?

5 怎样才能成功?   Zěnyàng cái néng chénggōng?

6 怎样才能回家?   Zěnyàng cái néng huí jiā?

7 怎样才能跟他见面?   Zěnyàng cái néng gēn tā jiànmiàn?

8 怎样才能跟他交朋友?   Zěnyàng cái néng gēn tā jiāo péngyou?

9 怎样才能知道他在哪儿?   Zěnyàng cái néng zhīdào tā zài nǎr?

10 怎样才能提高汉语水平?   Zěnyàng cái néng tígāo Hànyǔ shuǐpíng?

得到 dédào 동 얻다 | 完成 wánchéng 동 완성하다 | 成功 chénggōng 동 성공하다 | 交朋友 jiāo péngyou 친구가 되다 | 提高 tígāo 동 향상되다, 향상시키다

STEP 3의 예문을 셀로판지로 가리고 암기하자! 숙지되면 빠른 속도로 훈련하기!

		느린 속도 ≫ 빠른 속도
어떻게 해야 구매할 수 있지?	买到	☐ ☐
어떻게 해야 얻을 수 있지?	得到	☐ ☐
어떻게 해야 찾을 수 있나요?	找到	☐ ☐
어떻게 해야 완성할 수 있을까요?	完成	☐ ☐
어떻게 해야 성공할 수 있나요?	成功	☐ ☐
어떻게 해야 집에 갈 수 있나요?	回家	☐ ☐
어떻게 해야 그와 만날 수 있나요?	见面	☐ ☐
어떻게 해야 걔랑 친구가 될 수 있니?	交朋友	☐ ☐
어떻게 해야 그가 어디 있는지 알 수 있나요?	知道	☐ ☐
어떻게 해야 중국어 수준을 올릴 수 있을까?	提高	☐ ☐

Pattern 16

◀ 패턴 16 음성 강의

从来(都)没有…过

이때까지 ~해본 적이 없어

⊘ 어떠한 행위를 한 번도 해본 적이 없을 때 사용하는 표현입니다.

STEP 1 중국인은 실생활에서 이렇게 말한다! ⌒16-01

중국인과 어떻게 대화할지 막막하다고? 패턴을 활용해보자!

他偷了我的钱包!
Tā tōu le wǒ de qiánbāo!

不会吧? 他从来都没有
Bú huì ba? Tā cónglái dōu méiyǒu
偷过东西。
tōuguo dōngxi.

✦ 不会吧?
Bú huì ba?
[회화체] 설마? (아닐 거야!)

걔가 내 지갑을 훔쳐갔다고!

설마? 걔는 이때까지 물건을 훔친 적이 없어.

偷 tōu 동 훔치다

실생활에서 접할 수 있는 여러 가지 상황을 생각하며 패턴을 훈련하자!

| 상황 01 | 어디서? | 레스토랑에서 |
| | 누구에게? | 종업원에게 |

손님 이 음식은 어떻게 먹나요? 제가 여태까지 먹어 본 적이 없어서요.

这道菜怎么吃？我从来都没有吃过。

Zhè dào cài zěnme chī? Wǒ cónglái dōu méiyǒu chīguo.

| 상황 02 | 어디서? | 병원에서 |
| | 누구에게? | 의사에게 |

환자 제가 이때까지 이런 병에 걸려본 적이 없어서요.

我从来都没得过这种病。

Wǒ cónglái dōu méi déguo zhè zhǒng bìng.

| 상황 03 | 어디서? | 버스정류장에서 |
| | 누구에게? | 같이 버스를 타기로 한 친구에게 |

부자 친구 얼마 내는데?

付多少钱？

Fù duōshao qián?

난 여태까지 버스를 타 본 적이 없어서.

我从来都没有坐过公交车。

Wǒ cónglái dōu méiyǒu zuòguo gōngjiāochē.

得病 débìng 동 병에 걸리다 | 付 fù 동 지불하다 | 公交车 gōngjiāochē 명 버스

10가지 활용 예문을 입에 착 붙도록 말해보자!

1 从来都没有看过。 Cónglái dōu méiyǒu kànguo.

2 从来都没有听过。 Cónglái dōu méiyǒu tīngguo.

3 从来没有喝过酒。 Cónglái méiyǒu hēguo jiǔ.

4 从来没有吃过中餐。 Cónglái méiyǒu chīguo zhōngcān.

5 从来都没有迟到过。 Cónglái dōu méiyǒu chídào guo.

6 我从来都没有学过外语。 Wǒ cónglái dōu méiyǒu xuéguo wàiyǔ.

7 他从来都没有买过礼物。 Tā cónglái dōu méiyǒu mǎiguo lǐwù.

8 他从来都没有交过女朋友。 Tā cónglái dōu méiyǒu jiāoguo nǚ péngyou.

9 他们从来都没有尊重过我。 Tāmen cónglái dōu méiyǒu zūnzhòng guo wǒ.

10 我从来都没有去过别的城市。 Wǒ cónglái dōu méiyǒu qùguo biéde chéngshì.

中餐 zhōngcān 명 중식 | 迟到 chídào 동 지각하다 | 外语 wàiyǔ 명 외국어 | 女朋友 nǚ péngyou 명 여자 친구 | 尊重 zūnzhòng 동 존중하다

STEP 3의 예문을 셀로판지로 가리고 암기하자! 숙지되면 빠른 속도로 훈련하기!

		느린 속도 ≫ 빠른 속도
이때까지 본 적이 없어.	看	☐ ☐
이때까지 들어본 적이 없어.	听	☐ ☐
이때까지 술을 마셔본 적이 없어.	喝酒	☐ ☐
이때까지 중식을 먹어본 적이 없어.	中餐	☐ ☐
이때까지 지각을 해본 적이 없어.	迟到	☐ ☐
나는 이때까지 외국어를 배워본 적이 없어.	外语	☐ ☐
그는 이때까지 한 번도 선물을 사본 적이 없어.	礼物	☐ ☐
그는 이때까지 여자 친구를 사귀어본 적이 없어.	女朋友	☐ ☐
그들은 이때까지 나를 존중해준 적이 없어.	尊重	☐ ☐
나는 이때까지 다른 도시에 가본 적이 없어.	城市	☐ ☐

哪儿…?

어디 ~하겠어?

◎ 부정형을 강조하는 회화체입니다.

STEP 1 중국인은 실생활에서 이렇게 말한다! 🎧 17-01

중국인과 어떻게 대화할지 막막하다고? 패턴을 활용해보자!

> 我最爱的朋友!
> Wǒ zuì ài de péngyou!
> 能不能借我点儿钱?
> Néng bù néng jiè wǒ diǎnr qián?

> 我哪儿有钱?
> Wǒ nǎr yǒu qián?
> 我这个月的零花钱都不够!
> Wǒ zhège yuè de línghuāqián dōu búgòu!

내가 제일 사랑하는 친구야! 돈 좀 빌려줄 수 있어? | 내가 돈이 어디 있냐? 이번 달 용돈도 부족해!

借 jiè 동 빌리다, 빌려주다 | 零花钱 línghuāqián 명 용돈 | 不够 búgòu 동 부족하다

실생활에서 접할 수 있는 여러 가지 상황을 생각하며 패턴을 훈련하자!

| 상황 01 | 어디서? | 집에서 |
| | 누구에게? | 휴대전화가 어디 있는지 물어보는 남편에게 |

 화난 아내 내가 당신 핸드폰이 어디 있는지 어떻게 알아?

我哪儿知道你的手机在哪里?

Wǒ nǎr zhīdào nǐ de shǒujī zài nǎlǐ?

| 상황 02 | 언제? | 기말고사 전날 |
| | 누구에게? | 시험공부를 도와달라는 친구에게 |

 전교 1등 내가 널 도와줄 시간이 어디 있어?

我哪儿有时间帮你?

Wǒ nǎr yǒu shíjiān bāng nǐ?

| 상황 03 | 언제? | 시험 본 다음 날 |
| | 누구에게? | 놀러 가자는 친구에게 |

 전교 2등 내가 지금 놀러 갈 기분이 어디 있겠냐?

我现在哪儿有心思出去玩儿?

Wǒ xiànzài nǎr yǒu xīnsi chūqù wánr?

心思 xīnsi 명 기분, 마음

10가지 활용 예문을 입에 착 붙도록 말해보자!

1 她**哪儿**漂亮啊?   Tā **nǎr** piàoliang a?

2 这个**哪儿**好吃啊?   Zhège **nǎr** hǎochī a?

3 这个**哪儿**少啊?   Zhège **nǎr** shǎo a?

4 我**哪儿**有时间?   Wǒ **nǎr** yǒu shíjiān?

5 我**哪儿**能骗她呀?   Wǒ **nǎr** néng piàn tā ya?

6 我**哪儿**有这个能力?   Wǒ **nǎr** yǒu zhège nénglì?

7 他**哪儿**像明星啊?   Tā **nǎr** xiàng míngxīng a?

8 我**哪儿**知道这是谁干的?   Wǒ **nǎr** zhīdào zhè shì shéi gàn de?

9 我**哪儿**知道这是谁送的?   Wǒ **nǎr** zhīdào zhè shì shéi sòng de?

10 我**哪儿**知道他的梦想是什么?   Wǒ **nǎr** zhīdào tā de mèngxiǎng shì shénme?

骗 piàn 통 속이다 | 像 xiàng 통 닮다 | 明星 míngxīng 명 연예인 | 干 gàn 통 하다 | 梦想 mèngxiǎng 명 꿈, 비전

STEP 3의 예문을 셀로판지로 가리고 암기하자! 숙지되면 빠른 속도로 훈련하기!

		느린 속도 >> 빠른 속도
걔가 어디가 예뻐?	漂亮	☐ ☐
이게 뭐가 맛있냐?	好吃	☐ ☐
이게 어디가 적어?	少	☐ ☐
내가 시간이 어딨냐?	时间	☐ ☐
내가 어떻게 그녀를 속일 수 있겠냐?	骗	☐ ☐
내가 이런 능력이 어디 있겠어?	能力	☐ ☐
걔가 어디가 연예인을 닮았냐?	明星	☐ ☐
이걸 누가 한 건지 내가 어떻게 알아?	干	☐ ☐
이걸 누가 선물했는지 내가 어떻게 알아?	送	☐ ☐
그 사람 꿈이 뭔지 내가 어떻게 알겠어?	梦想	☐ ☐

◀ 패턴 18 음성 강의

陪 A 一起 …

A와 함께 ~하다

✓ 옆에서 함께 무언가를 해준다는 의미를 강조할 때 사용합니다.

STEP 1 중국인은 실생활에서 이렇게 말한다! 🎧 18-01

중국인과 어떻게 대화할지 막막하다고? 패턴을 활용해보자!

> 我来陪你一起去吧!
> Wǒ lái péi nǐ yìqǐ qù ba!

> 我有点儿害怕,
> Wǒ yǒudiǎnr hàipà,
> 谁愿意陪我
> shéi yuànyì péi wǒ
> 一起去医院?
> yìqǐ qù yīyuàn?

나 좀 무서운데, 누가 나랑 같이 병원에 가줄래?   내가 너랑 같이 가줄게!

害怕 hàipà 동 무서워하다 | 愿意 yuànyì 동 ~하길 바라다

실생활에서 접할 수 있는 여러 가지 상황을 생각하며 패턴을 훈련하자!

상황 01	어디서?	마트에서
	누구에게?	물건이 어디 있는지 묻는 고객에게

직원 제가 같이 가드릴게요! 저를 따라오세요!

我陪您一起去吧! 请您跟我来!
Wǒ péi nín yìqǐ qù ba! Qǐng nín gēn wǒ lái!

상황 02	언제?	회식자리에서
	누구에게?	술 마실 기분이 아니라며 분위기 잡는 동료에게

동료 뭐 하고 있어? 내가 같이 마셔줄게! 자! 건배!

干吗呢? 我陪你一起喝吧! 来! 干杯!
Gànmá ne? Wǒ péi nǐ yìqǐ hē ba! Lái! Gānbēi!

상황 03	어디서?	회사에서
	누구에게?	회식을 못 간다고 말하지 못하고 망설이는 동료에게

동료 뭐가 무서워? 사장님실에 내가 같이 가줄게!

怕什么呀? 我陪你一起去老板办公室吧!
Pà shénme ya? Wǒ péi nǐ yìqǐ qù lǎobǎn bàngōngshì ba!

⭐ … 什么呀? 뭐가 ~해?
예 漂亮什么呀? 뭐가 예뻐?
Piàoliang shénme ya?

干吗 gànmá 뭐 해 | 干杯 gānbēi 동 건배하다 | 老板 lǎobǎn 명 사장 | 办公室 bàngōngshì 명 사무실

10가지 활용 예문을 입에 착 붙도록 말해보자!

1 你陪我一起喝吧! Nǐ péi wǒ yìqǐ hē ba!

2 你陪我一起参加吧。 Nǐ péi wǒ yìqǐ cānjiā ba.

3 你陪我一起报名吧。 Nǐ péi wǒ yìqǐ bàomíng ba.

4 你陪我一起看电影吧! Nǐ péi wǒ yìqǐ kàn diànyǐng ba!

5 今晚陪我一起加班吧。 Jīnwǎn péi wǒ yìqǐ jiābān ba.

6 今晚你陪我一起吃饭吧! Jīnwǎn nǐ péi wǒ yìqǐ chīfàn ba!

7 他每天晚上陪我一起学习。 Tā měitiān wǎnshang péi wǒ yìqǐ xuéxí.

8 你回家陪孩子们一起玩吧。 Nǐ huí jiā péi háizimen yìqǐ wán ba.

9 我今天得陪客户一起去公司。 Wǒ jīntiān děi péi kèhù yìqǐ qù gōngsī.

10 你陪老板一起参观一下工厂。 Nǐ péi lǎobǎn yìqǐ cānguān yíxià gōngchǎng.

参加 cānjiā 동 참가하다 | 报名 bàomíng 동 등록하다 | 今晚 jīnwǎn 명 오늘 저녁, 오늘밤 | 加班 jiābān 동
야근하다 | 得 děi 조동 ~해야 한다 | 客户 kèhù 명 고객 | 参观 cānguān 동 참관하다, 구경하다

STEP 3의 예문을 셀로판지로 가리고 암기하자! 숙지되면 빠른 속도로 훈련하기!

		느린 속도 ›› 빠른 속도
너 나랑 같이 마셔줘!	喝	☐ ☐
너 나랑 같이 참가하자.	参加	☐ ☐
너 나랑 같이 등록하자.	报名	☐ ☐
너 나랑 같이 영화 보자!	电影	☐ ☐
오늘 저녁 나랑 같이 야근하자.	加班	☐ ☐
오늘 저녁에 너 나랑 같이 밥 먹어줘!	今晚	☐ ☐
그는 매일 저녁 나랑 같이 공부를 해줘.	学习	☐ ☐
너는 집에 가서 아이들이랑 놀아줘.	玩	☐ ☐
나는 오늘 고객을 모시고 회사에 가야 해.	客户	☐ ☐
네가 사장님 모시고 공장을 구경시켜드려.	参观	☐ ☐

Pattern 19

 ◀ 패턴 19 음성 강의

没法儿…

~할 수 없어 / ~할 방법이 없어

✅ 어떠한 행위를 도저히 할 방법이 없을 때 사용하는 표현입니다.

STEP 1 중국인은 실생활에서 이렇게 말한다! 🎧 19-01

중국인과 어떻게 대화할지 막막하다고? 패턴을 활용해보자!

别跟他生气,
Bié gēn tā shēngqì,
有问题，好好儿说!
yǒu wèntí, hǎohāor shuō!

他的脾气太大,
Tā de píqi tài dà,
没法儿沟通!
méi fǎr gōutōng!

걔한테 화내지 말고, 문제가 있으면 똑바로 말을 해!

걔는 성격이 너무 세서 난 걔랑 대화를 할 수가 없어!

脾气 píqi 명 기질, 성깔 | 沟通 gōutōng 동 소통하다

실생활에서 접할 수 있는 여러 가지 상황을 생각하며 패턴을 훈련하자!

상황 01	어디서?	옷 가게에서
	누구에게?	종업원에게

손님 입을 수가 없어요. 좀 더 큰 거 있나요?

没法儿穿，有没有再大一点儿的?
Méi fǎr chuān, yǒu méiyǒu zài dà yìdiǎnr de?

상황 02	언제?	친구랑 싸울 때
	누구에게?	어이없는 이야기를 하는 친구에게

친구 됐다! 우리 그만 이야기하자! 나 너랑은 얘기를 못 하겠어.

算了! 咱们别说了吧! 我跟你没法儿聊。
Suàn le! Zánmen bié shuō le ba! Wǒ gēn nǐ méi fǎr liáo.

 算了! [회화체] 됐어, 됐거든!
Suàn le!

상황 03	언제?	타 회사와 가격 협상 중
	어디서?	회의실에서

팀장 만약 이 가격을 원하시면 저는 협력을 못 하겠네요.

如果要这个价格，那我没法儿合作了。
Rúguǒ yào zhège jiàgé, nà wǒ méi fǎr hézuò le.

聊 liáo 동 이야기하다 | 价格 jiàgé 명 가격 | 合作 hézuò 동 협력하다

10가지 활용 예문을 입에 착 붙도록 말해보자!

1 没法儿回答。　　　Méi fǎr huídá.

2 没法儿反对。　　　Méi fǎr fǎnduì.

3 没法儿得到。　　　Méi fǎr dédào.

4 没法儿解决。　　　Méi fǎr jiějué.

5 没法儿形容。　　　Méi fǎr xíngróng.

6 没法儿跟他解释。　　Méi fǎr gēn tā jiěshì.

7 没法儿说服父母。　　Méi fǎr shuōfú fùmǔ.

8 没法儿进行调查。　　Méi fǎr jìnxíng diàochá.

9 他不在，没法儿开始。　Tā bú zài, méi fǎr kāishǐ.

10 没法儿跟你公司合作。　Méi fǎr gēn nǐ gōngsī hézuò.

反对 fǎnduì 동 반대하다 ｜ 解决 jiějué 동 해결하다 ｜ 形容 xíngróng 동 형용하다 ｜ 解释 jiěshì 동 설명하다 ｜
说服 shuōfú 동 설득하다 ｜ 调查 diàochá 명 조사 동 조사하다

STEP 3의 예문을 셀로판지로 가리고 암기하자! 숙지되면 빠른 속도로 훈련하기!

		느린 속도 ≫ 빠른 속도
대답할 수 없다.	回答	☐ ☐
반대할 수 없다.	反对	☐ ☐
얻어낼 방법이 없다.	得到	☐ ☐
해결할 방법이 없다.	解决	☐ ☐
형용할 방법이 없다.	形容	☐ ☐
그에게 설명할 방법이 없다.	解释	☐ ☐
부모님을 설득할 방법이 없다.	说服	☐ ☐
조사를 진행할 방법이 없다.	调查	☐ ☐
그가 없으면 시작할 방법이 없다.	开始	☐ ☐
당신 회사와 협력할 방법이 없네요.	合作	☐ ☐

Pattern 20

 ◀ 패턴 20 음성 강의

要不要再…一点儿(/一会儿)?

조금 더(/다시) ~할래요?

☑ 어떠한 행동을 조금 더 하라고 상대방에게 권유할 때 사용합니다.

STEP 1 중국인은 실생활에서 이렇게 말한다! 🎧 20-01

중국인과 어떻게 대화할지 막막하다고? 패턴을 활용해보자!

快吃完了吧? 要不要再吃一点儿?
Kuài chīwán le ba? Yào bú yào zài chī yìdiǎnr?

不! 我已经吃饱了! 快撑死了!
Bù! Wǒ yǐjīng chībǎo le! Kuài chēng sǐle!

快撑死了!
Kuài chēng sǐle!
[회화체] 배가 터질 것 같아!

거의 다 먹었지? 조금 더 먹을래?

아니야! 난 이미 너무 많이 먹었어! 배가 터질 것 같아!

吃饱 chībǎo 배부르게 먹다

실생활에서 접할 수 있는 여러 가지 상황을 생각하며 패턴을 훈련하자!

상황 01	어디서?	과일 가게에서
	누구에게?	양이 너무 적다며 주인에게

 단골 손님

저 단골인데, 조금만 더 주실래요?

我是常客，要不要再送一点儿?

Wǒ shì chángkè, yào bú yào zài sòng yìdiǎnr?

상황 02	어디서?	놀이공원에서
	누구에게?	이제 집에 가자는 아빠에게

 아들

아빠! 우리 조금 더 놀다가 집에 갈까요?

爸爸! 我们要不要再玩一会儿再回家啊?

Bàba! Wǒmen yào bú yào zài wán yíhuìr zài huí jiā a?

상황 03	언제?	오랜만에 데이트 중
	어디서?	커피숍에서

 남친

우리 조금 더 있다가 나갈까?

我们要不要再待一会儿?

Wǒmen yào bú yào zài dāi yíhuìr?

常客 chángkè 명 단골손님 | 送 sòng 동 (공짜로) 주다 | 待 dāi 동 머무르다

10가지 활용 예문을 입에 착 붙도록 말해보자!

1 要不要再喝一点儿?   Yào bú yào zài he yìdiǎnr?

2 要不要再看一会儿?   Yào bú yào zài kàn yíhuìr?

3 要不要再玩一会儿?   Yào bú yào zài wán yíhuìr?

4 要不要再听一会儿?   Yào bú yào zài tīng yíhuìr?

5 要不要再尝一点儿?   Yào bú yào zài cháng yìdiǎnr?

6 要不要再睡一会儿?   Yào bú yào zài shuì yíhuìr?

7 我看，不够，要不要再拿一点儿?   Wǒ kàn, búgòu, yào bú yào zài ná yìdiǎnr?

8 你还是觉得困，要不要再躺一会儿?   Nǐ háishi juéde kùn, yào bú yào zài tǎng yíhuìr?

9 公交车马上就来，要不要再等一会儿?   Gōngjiāochē mǎshàng jiù lái, yào bú yào zài děng yíhuìr?

10 你的回答不正确，要不要再想一会儿?   Nǐ de huídá bú zhèngquè, yào bú yào zài xiǎng yíhuìr?

尝 cháng 동 맛보다 | 我看 wǒ kàn 내가 보기에 | 不够 búgòu 형 부족하다 | 还是 háishi 부 여전히 | 躺 tǎng 동 눕다 | 公交车 gōngjiāochē 명 버스 | 正确 zhèngquè 형 정확하다

STEP 3의 예문을 셀로판지로 가리고 암기하자! 숙지되면 빠른 속도로 훈련하기!

		느린 속도 ≫ 빠른 속도
조금 더 마실래?	喝	☐ ☐
조금 더 볼래?	看	☐ ☐
조금 더 놀래?	玩	☐ ☐
조금 더 들어볼래?	听	☐ ☐
조금 더 맛 좀 볼래?	尝	☐ ☐
조금 더 잘래?	睡	☐ ☐
내가 볼 땐 부족해. 조금 더 가져갈래?	拿	☐ ☐
너 아직도 졸리면 조금 더 누워있을래?	躺	☐ ☐
버스는 금방 올 거야. 조금만 더 기다릴래?	等	☐ ☐
네 대답은 정확하지 않아. 조금 더 생각해볼래?	想	☐ ☐

11

당연하다는 어기의 문장 + 嘛!

(당연히) ~잖아!

- 오늘은 주말이잖아!
- 나는 내일 출근하잖아!
- 일찍 집에 가자. 내일 시험이 있잖아!

12

这(/那)不是···吗?

이(/저/그)것은 ~아니야?

- 이건 네 물건 아니야?
- 저건 네가 사고 싶다던 가방 아니야?
- 이건 네가 좋아하는 스타일 아니야?

20

要不要再···一点儿(/一会儿)?

조금 더(/다시) ~할래요?

- 조금 더 볼래?
- 조금 더 맛 좀 볼래?
- 조금 더 잘래?

Pattern 11~20

19

没法儿···

~할 수 없어 / ~할 방법이 없어

- 대답할 수 없다.
- 그에게 설명할 방법이 없다.
- 조사를 진행할 방법이 없다.

18

陪 A 一起···

A와 함께 ~하다

- 너 나랑 같이 등록하자.
- 너 나랑 같이 영화 보자!
- 오늘 저녁에 너 나랑 같이 밥 먹어줘!

13

我正要…(呢)

난 지금 ~하려던 참이야

- 난 지금 잠을 자려던 참이야.
- 난 마침 널 만나러 가려던 참이야.
- 난 지금 너에게 말하려던 참이야.

14

实在是太…了

정말 ~하네요

- 이 노래는 정말 듣기 좋아.
- 오늘 날씨 정말 덥네요!
- 네가 한 음식 정말 맛있어!

내 문장으로 만들기!

15

怎样才能…?

어떻게 해야만 ~할 수 있을까?

- 어떻게 해야 찾을 수 있나요?
- 어떻게 해야 그와 만날 수 있나요?
- 어떻게 해야 중국어 수준을 올릴 수 있을까?

17

哪儿…?

어디 ~하겠어?

- 걔가 어디가 예뻐?
- 이게 뭐가 맛있냐?
- 내가 시간이 어딨냐?

16

从来(都)没有…过

이때까지 ~해본 적이 없어

- 이때까지 본 적이 없어.
- 이때까지 **지각을** 해본 적이 없어.
- 그는 이때까지 여자 친구를 사귀어본 적이 없어.

Pattern 21~30

◀ 패턴 21 음성 강의

那(你)得快点儿…

그럼 (너는) 얼른 ~해야지

✓ 어떤 일을 빨리 진행하라고 상대방에게 강조할 때 쓰는 표현입니다.

STEP 1 　중국인은 실생활에서 이렇게 말한다! 🎧 21-01

중국인과 어떻게 대화할지 막막하다고? 패턴을 활용해보자!

我身体不正常,
Wǒ shēntǐ bú zhèngcháng,

一点儿胃口都没有。
yìdiǎnr wèikǒu dōu méiyǒu.

那你得快点儿去
Nà nǐ děi kuài diǎnr qù

医院看病啊。
yīyuàn kànbìng a.

난 몸이 정상이 아니야, 식욕이 조금도 없어.

그럼 얼른 병원 가서 진찰을 받아봐야지.

正常 zhèngcháng 형 정상적이다 | 胃口 wèikǒu 명 식욕

실생활에서 접할 수 있는 여러 가지 상황을 생각하며 패턴을 훈련하자!

| 상황 01 | 어디서? | 회사에서 |
| | 누구에게? | 부하직원에게 |

팀장 그럼 얼른 가서 두 장 다시 복사해 와.

那你得快点儿去再复印两张。
Nà nǐ děi kuài diǎnr qù zài fùyìn liǎng zhāng.

| 상황 02 | 언제? | 택시에서 내린 후 |
| | 누구에게? | 친구에게 |

친구 지갑을 택시에 놓고 내렸다고?

钱包落在出租车上了？
Qiánbāo là zài chūzūchē shang le?

그럼 얼른 영수증 찾아봐.

那得快点儿找找发票。
Nà děi kuài diǎnr zhǎozhao fāpiào.

| 상황 03 | 언제? | 친구와 통화 중 |
| | 누구에게? | 집에 도둑이 든 친구에게 |

친구 그럼 넌 얼른 신고를 해.

那你得快点儿报警，
Nà nǐ děi kuài diǎnr bàojǐng,

그 도둑을 잡아야지!

应该抓住那个小偷！
yīnggāi zhuāzhù nàge xiǎotōu!

复印 fùyìn 동 복사하다 | 落 là 동 (물건을) 빠뜨리다 | 发票 fāpiào 명 영수증 | 报警 bàojǐng 동 신고하다 | 抓住 zhuāzhù 동 잡다 | 小偷 xiǎotōu 명 도둑

10가지 활용 예문을 입에 착 붙도록 말해보자!

1 那得快点儿回家。

Nà děi kuài diǎnr huí jiā.

2 那得快点儿去买。

Nà děi kuài diǎnr qù mǎi.

3 那你得快点儿去厕所。

Nà nǐ děi kuài diǎnr qù cèsuǒ.

4 那你得快点儿去工厂。

Nà nǐ děi kuài diǎnr qù gōngchǎng.

5 那你得快点儿跟他说。

Nà nǐ děi kuài diǎnr gēn tā shuō.

6 那得快点儿去参加会议。

Nà děi kuài diǎnr qù cānjiā huìyì.

7 那你得快点儿去接客户。

Nà nǐ děi kuài diǎnr qù jiē kèhù.

8 那得快点儿去机场，快来不及了。

Nà děi kuài diǎnr qù jīchǎng, kuài láibují le.

9 头晕？那你得快点儿回家休息。

Tóuyūn? Nà nǐ děi kuài diǎnr huí jiā xiūxi.

10 一顿也没吃？那得快点儿回家吃饭。

Yí dùn yě méi chī? Nà děi kuài diǎnr huí jiā chīfàn.

厕所 cèsuǒ 명 화장실 | 接 jiē 동 마중하다 | 来不及 láibují 시간 안에 할 수 없다 (↔来得及 láidejí 시간 안에 할 수 있다) | 头晕 tóuyūn 형 어지럽다 | 一顿 yí dùn (밥) 한 끼

STEP 3의 예문을 셀로판지로 가리고 암기하자! 숙지되면 빠른 속도로 훈련하기!

느린 속도 ▶▶ 빠른 속도

그럼 얼른 집에 가야지.	回家	☐ ☐
그럼 얼른 사러 가야지.	买	☐ ☐
그럼 너 얼른 화장실로 가.	厕所	☐ ☐
그럼 당신 얼른 공장에 가야죠.	工厂	☐ ☐
그럼 너는 얼른 그에게 말해야지.	说	☐ ☐
그럼 얼른 회의에 참석하러 가야죠.	参加	☐ ☐
그럼 얼른 고객님 마중 나가야지.	接	☐ ☐
그럼 얼른 공항으로 가야지, 늦겠다.	机场	☐ ☐
머리가 어지러워? 그럼 너 얼른 집에 가서 쉬어.	休息	☐ ☐
한 끼도 안 먹었어? 그럼 얼른 집에 가서 밥 먹어야지.	吃饭	☐ ☐

Pattern 22

◀ 패턴 22 음성 강의

千万不要(/千万别)…

제발(/절대로) ~하지 마라

✓ 어떠한 행위를 하지 말라고 당부할 때 사용합니다.

STEP 1 **중국인은 실생활에서 이렇게 말한다!** 🎧 22-01

중국인과 어떻게 대화할지 막막하다고? 패턴을 활용해보자!

我现在给你妈妈打个电话吧!
Wǒ xiànzài gěi nǐ māma dǎ ge diànhuà ba!

千万不要联系,
Qiānwàn búyào liánxì,

她根本不知道我在这儿!
tā gēnběn bù zhīdào wǒ zài zhèr!

✕ 根本不 … 전혀 ~하지 않다
예 我根本不喜欢喝酒。
Wǒ gēnběn bù xǐhuan hē jiǔ.
나는 술 마시는 것을 전혀 좋아하지 않아.

내가 지금 너희 어머니한테 연락할게!

제발 연락하지 마, 엄마는 내가 여기 있는지 전혀 몰라!

联系 liánxì 동 연락하다

실생활에서 접할 수 있는 여러 가지 상황을 생각하며 패턴을 훈련하자!

상황 01	어디서?	병원에서
	누구에게?	기관지염에 걸린 환자에게

의사 절대 맵고 차가운 거 먹지 마세요!

千万不要吃辣的和冰的!
Qiānwàn búyào chī là de hé bīng de!

상황 02	언제?	여자 친구가 출장 가기 전
	누구에게?	여자 친구에게

남친 밤에 절대 혼자 나가지 말고, 거기 진짜 위험하거든!

晚上千万别一个人出去，那儿太危险了!
Wǎnshang qiānwàn bié yí ge rén chūqù, nàr tài wēixiǎn le!

상황 03	언제?	남자 친구가 회식 자리에 가기 전
	누구에게?	남자 친구에게

여친 자기야, 자기 몸이 별로 안 좋으니까

亲爱的，你身体不太好，
Qīn'ài de, nǐ shēntǐ bú tài hǎo,

절대 술 많이 마시지 마!

千万不要喝得太多!
qiānwàn búyào hē de tài duō!

⭐ 동사 + 得太多 너무 많이 V하다
예 吃得太多了。 너무 많이 먹었어.
Chī de tài duō le.

一个人 yí ge rén 혼자 | 危险 wēixiǎn 형 위험하다 | 亲爱的 qīn'ài de 자기야

10가지 활용 예문을 입에 착 붙도록 말해보자!

1 千万不要过来。　　　　　Qiānwàn búyào guòlái.

2 千万不要先走。　　　　　Qiānwàn búyào xiān zǒu.

3 千万不要打开。　　　　　Qiānwàn búyào dǎkāi.

4 千万不要告诉他。　　　　Qiānwàn búyào gàosu tā.

5 千万不要跟她分手。　　　Qiānwàn búyào gēn tā fēnshǒu.

6 千万不要改变想法。　　　Qiānwàn búyào gǎibiàn xiǎngfǎ.

7 千万别浪费时间。　　　　Qiānwàn bié làngfèi shíjiān.

8 千万别跟他顶嘴。　　　　Qiānwàn bié gēn tā dǐngzuǐ.

9 千万别拒绝他的请求。　　Qiānwàn bié jùjué tā de qǐngqiú.

10 千万别放弃自己的梦想。　Qiānwàn bié fàngqì zìjǐ de mèngxiǎng.

打开 dǎkāi 동 열다 | 分手 fēnshǒu 동 헤어지다 | 改变 gǎibiàn 동 바꾸다 | 想法 xiǎngfǎ 명 생각, 의견 | 浪费 làngfèi 동 낭비하다 | 顶嘴 dǐngzuǐ 동 말대꾸하다 | 拒绝 jùjué 동 거절하다 | 放弃 fàngqì 동 포기하다

STEP 3의 예문을 셀로판지로 가리고 암기하자! 숙지되면 빠른 속도로 훈련하기!

		느린 속도 >> 빠른 속도	
제발 오지 마.	过来	☐	☐
제발 먼저 가지 마.	先	☐	☐
제발 열어 보지 마세요.	打开	☐	☐
제발 그에게 알려주지 마세요.	告诉	☐	☐
제발 그녀와 헤어지지 마세요.	分手	☐	☐
제발 생각을 바꾸지 마세요.	改变	☐	☐
절대로 시간을 낭비하지 마세요.	浪费	☐	☐
절대 그에게 말대꾸하지 마세요.	顶嘴	☐	☐
절대 그의 부탁을 거절하지 마세요.	拒绝	☐	☐
절대로 자신의 꿈을 포기하지 마세요.	梦想	☐	☐

Pattern 23

变…了

~하게 변했어

✓ 상태나 상황이 변했을 때 사용하는 표현입니다.

STEP 1 중국인은 실생활에서 이렇게 말한다!　🎧23-01

중국인과 어떻게 대화할지 막막하다고? 패턴을 활용해보자!

你到底为什么
Nǐ dàodǐ wèi shénme
跟女朋友分手了呀?
gēn nǚ péngyou fēnshǒu le ya?

其实…, 她突然变胖了,
Qíshí…, tā tūrán biàn pàng le,
所以…。
suǒyǐ….

넌 도대체 여친이랑 왜 헤어진 거야?

사실은…, 걔가 갑자기 뚱뚱해졌어. 그래서….

其实 qíshí 부 사실은 | 突然 tūrán 부 갑자기

실생활에서 접할 수 있는 여러 가지 상황을 생각하며 패턴을 훈련하자!

상황 01	어디서?	병원에서
	누구에게?	처방 받은 약을 보고 의사에게

환자 약이 예전에는 이렇게 많지 않았는데, 왜 많아졌나요?

药以前没这么多，怎么变多了呀?

Yào yǐqián méi zhème duō, zěnme biàn duō le ya?

⚜ 没这么 … 이렇게 ~하지는 않다
예 钱没这么多。 돈이 이렇게 많지는 않아.
　　Qián méi zhème duō.

상황 02	언제?	여행사에서 상담 전화 중
	누구에게?	티켓 가격을 문의하는 고객에게

직원 이전에는 그 가격이었는데, 지금은 가격이 올랐습니다.

以前是那个价格，但现在价格变高了。

Yǐqián shì nàge jiàgé, dàn xiànzài jiàgé biàn gāo le.

상황 03	언제?	친구와 대화할 때
	누구에게?	몰라보게 예뻐진 친구에게

친구 너 왜 갑자기 예뻐졌어? 연애하냐?

你怎么突然变漂亮了? 恋爱了?

Nǐ zěnme tūrán biàn piàoliang le? Liàn'ài le?

恋爱 liàn'ài 동 연애하다

10가지 활용 예문을 입에 착 붙도록 말해보자!

1 她变漂亮了。   Tā biàn piàoliang le.

2 天气变冷了。   Tiānqì biàn lěng le.

3 考试变难了。   Kǎoshì biàn nán le.

4 价格变低了。   Jiàgé biàn dī le.

5 问题变严重了。   Wèntí biàn yánzhòng le.

6 情况变复杂了。   Qíngkuàng biàn fùzá le.

7 她的性格变温柔了。   Tā de xìnggé biàn wēnróu le.

8 他减肥以后变帅了。   Tā jiǎnféi yǐhòu biàn shuài le.

9 吃这个药以后身体变好了。   Chī zhège yào yǐhòu shēntǐ biànhǎo le.

10 那么脏的房子，怎么变干净了呢?   Nàme zāng de fángzi, zěnme biàn gānjìng le ne?

严重 yánzhòng 형 심각하다 | 复杂 fùzá 형 복잡하다 | 性格 xìnggé 명 성격 | 温柔 wēnróu 형 부드럽다 |
减肥 jiǎnféi 동 다이어트하다 | 脏 zāng 형 더럽다

STEP 3의 예문을 셀로판지로 가리고 암기하자! 숙지되면 빠른 속도로 훈련하기!

		느린 속도 »» 빠른 속도
그녀는 예뻐졌어.	漂亮	☐ ☐
날씨가 추워졌다.	冷	☐ ☐
시험이 어려워졌네.	难	☐ ☐
가격이 떨어졌다.	低	☐ ☐
문제가 심각해졌어.	严重	☐ ☐
상황이 복잡해졌다.	复杂	☐ ☐
그녀의 성격이 부드러워졌어.	温柔	☐ ☐
그는 다이어트를 하고 나서 잘생겨졌어.	帅	☐ ☐
이 약을 먹은 후에 몸이 좋아졌어.	好	☐ ☐
그렇게 더럽던 방이 어떻게 깨끗해진 거지?	干净	☐ ☐

Pattern 24

◀ 패턴 24 음성 강의

···成这样 / ···成 A

이 정도로 ~하다 / A로 ~하다

✓ 어떤 사물이나 상황의 변화를 표현할 때 사용합니다.

STEP 1 중국인은 실생활에서 이렇게 말한다!

🎧 24-01

중국인과 어떻게 대화할지 막막하다고? 패턴을 활용해보자!

来面试，你为什么
Lái miànshì, nǐ wèi shénme
穿成这样了?
chuānchéng zhèyàng le?

因为我今天特别忙，
Yīnwèi wǒ jīntiān tèbié máng,
所以忘了面试。
suǒyǐ wàng le miànshì.

면접 보러 오는데 너는 왜 이런 식으로 옷을 입었어?

나는 오늘 너무 바빠서 면접을 깜빡했어.

面试 miànshì 명 면접 동 면접보다

실생활에서 접할 수 있는 여러 가지 상황을 생각하며 패턴을 훈련하자!

상황 01	어디서?	회사에서
	누구에게?	일처리를 엉망으로 한 부하직원에게

부장 너는 어떻게 이 지경으로 했냐? 다시 해!

你怎么弄成这样了呢? 重新做!

Nǐ zěnme nòngchéng zhèyàng le ne? Chóngxīn zuò!

상황 02	어디서?	상점에서
	누구에게?	직원에게 불량품을 보여주며

손님 이 지경으로 변했어요. 어떻게 된 거죠?

变成这样了, 怎么回事儿?

Biànchéng zhèyàng le, zěnme huí shìr?

⭐ **怎么回事(儿)?** [회화체] 어떻게 된 일이야?
Zěnme huí shì(r)?

상황 03	어디서?	옷 가게에서
	누구에게?	손님에게

가게 주인 아가씨! 이 옷을 입으니 연예인으로 변했어요!

小姐! 穿这件衣服就变成明星了!

Xiǎojiě! Chuān zhè jiàn yīfu jiù biànchéng míngxīng le!

弄 nòng 동 행하다, 하다 | 重新 chóngxīn 부 다시 | 明星 míngxīng 명 연예인

10가지 활용 예문을 입에 착 붙도록 말해보자!

1 你怎么变成这样了?   Nǐ zěnme biànchéng zhèyàng le?

2 你怎么写成这样了?   Nǐ zěnme xiěchéng zhèyàng le?

3 你怎么哭成这样呢?   Nǐ zěnme kūchéng zhèyàng ne?

4 你怎么打扮成这样了?   Nǐ zěnme dǎban chéng zhèyàng le?

5 今天怎么堵成这样呢?   Jīntiān zěnme dǔchéng zhèyàng ne?

6 你今天怎么累成这样呢?   Nǐ jīntiān zěnme lèichéng zhèyàng ne?

7 他已经变成帅哥了。   Tā yǐjīng biànchéng shuàigē le.

8 帮我换成人民币吧。   Bāng wǒ huànchéng rénmínbì ba.

9 快点儿改成正确的答案。   Kuài diǎnr gǎichéng zhèngquè de dá'àn.

10 当成自己的家好好儿休息。   Dàngchéng zìjǐ de jiā hǎohāor xiūxi.

怎么 zěnme 대 왜, 어떻게 | 打扮 dǎban 동 치장하다 | 堵 dǔ 동 막히다 | 人民币 rénmínbì 명 런민비 [중국 화폐] | 正确 zhèngquè 형 정확하다 | 答案 dá'àn 명 답안, 정답 | 当成 dàngchéng ~로 여기다

STEP 3의 예문을 셀로판지로 가리고 암기하자! 숙지되면 빠른 속도로 훈련하기!

		느린 속도 ≫ 빠른 속도
넌 왜 이렇게 변했냐?	变	☐ ☐
너는 왜 이런 식으로 썼어?	写	☐ ☐
너는 왜 이렇게 울고 있어?	哭	☐ ☐
너는 왜 이런 식으로 치장을 했어?	打扮	☐ ☐
오늘은 왜 이렇게 차가 막히는 거지?	堵	☐ ☐
너는 오늘 왜 이렇게 힘들어 하는 거야?	累	☐ ☐
그는 이미 멋진 남자로 변했어요.	帅哥	☐ ☐
중국 돈으로 바꿔주세요.	人民币	☐ ☐
빨리 정확한 답으로 고쳐.	答案	☐ ☐
내 집이다 생각하고 편하게 쉬어.	当	☐ ☐

◀ 패턴 25 음성 강의

原来 + 사실인 내용

알고 보니 ~이구나

⊘ 어떠한 사실을 알게 된 후 사용하는 표현입니다.

STEP 1 중국인은 실생활에서 이렇게 말한다!

🎧 25-01

중국인과 어떻게 대화할지 막막하다고? 패턴을 활용해보자!

你知道秀贞喜欢
Nǐ zhīdào Xiùzhēn xǐhuan
什么类型的男人吗?
shénme lèixíng de nánrén ma?

原来你也喜欢秀贞? 没门!
Yuánlái nǐ yě xǐhuan Xiùzhēn? Méi mén!

✦ 没门!
Méi mén!
[회화체] 어림없지!

수정이는 어떤 남자 스타일을 좋아하는지 알아?

알고 보니 너도 수정이 좋아하는구나? 어림없지!

类型 lèixíng 명 스타일, 유형

실생활에서 접할 수 있는 여러 가지 상황을 생각하며 패턴을 훈련하자!

상황 01	어디서?	백화점 여성복 매점에서
	누구에게?	원피스를 고르는 남성 고객에게

직원 알고 보니 옷을 여자 친구분께 선물하려고 하시는군요!

原来您买衣服送给女朋友啊！

Yuánlái nín mǎi yīfu sòng gěi nǚ péngyou a!

상황 02	언제?	비행기 티켓 예매 중
	누구에게?	여행사 직원에게

고객 아! 알고 보니 이 가격이 특가군요?

啊！原来这价格是特价呀？

Ā! Yuánlái zhè jiàgé shì tèjià ya?

상황 03	어디서?	헬스장 카운터에서
	누구에게?	회원가입 상담 직원에게

학생 회원 알고 보니 학생 할인 기간이 끝났군요?

原来学生优惠期间已经结束了呀？

Yuánlái xuéshēng yōuhuì qījiān yǐjīng jiéshù le ya?

送 sòng 통 선물하다 | 价格 jiàgé 명 가격 | 特价 tèjià 명 특가 | 优惠 yōuhuì 명 혜택, 할인 | 期间 qījiān 명 기간 | 结束 jiéshù 통 끝나다

10가지 활용 예문을 입에 착 붙도록 말해보자!

1 原来你回来了?   Yuánlái nǐ huílái le?

2 原来你喜欢我呀?   Yuánlái nǐ xǐhuan wǒ ya?

3 原来他是个老师。   Yuánlái tā shì ge lǎoshī.

4 原来你跟女友掰了?   Yuánlái nǐ gēn nǚyǒu bāi le?

5 原来你的包是假的?   Yuánlái nǐ de bāo shì jiǎ de?

6 原来他说的都是假话。   Yuánlái tā shuō de dōu shì jiǎhuà.

7 原来昨天你也没去上课?   Yuánlái zuótiān nǐ yě méi qù shàngkè?

8 原来这几天你去了老家。   Yuánlái zhè jǐ tiān nǐ qù le lǎojiā.

9 原来他们两个已经在一起了。   Yuánlái tāmen liǎng ge yǐjīng zài yìqǐ le.

10 原来在背后说我坏话的是你?   Yuánlái zài bèihòu shuō wǒ huàihuà de shì nǐ?

掰 bāi 동 쪼개다, 관계를 끊다 | 假话 jiǎhuà 명 거짓말 | 这几天 zhè jǐ tiān 요 며칠 | 老家 lǎojiā 명 고향 |
在一起 zài yìqǐ 사귀다 | 背后 bèihòu 부 남몰래 뒤에서

STEP 3의 예문을 셀로판지로 가리고 암기하자! 숙지되면 빠른 속도로 훈련하기!

		느린 속도 ≫ 빠른 속도
알고 보니 너 돌아왔구나?	回来	☐ ☐
알고 보니 너 나 좋아하는구나?	喜欢	☐ ☐
알고 보니 그는 선생님이더라.	老师	☐ ☐
알고 보니 너 여친이랑 헤어졌구나?	掰	☐ ☐
알고 보니 네 핸드백 가짜구나?	包	☐ ☐
알고 보니 그가 한 말은 다 거짓말이었어.	假话	☐ ☐
알고 보니 너도 어제 수업 안 갔구나?	上课	☐ ☐
알고 보니 너 요 며칠 동안 고향에 갔었구나.	老家	☐ ☐
알고 보니 걔네 둘은 이미 사귀는구나.	在一起	☐ ☐
알고 보니 내 뒷담화 하는 게 너구나?	背后	☐ ☐

终于能…了

드디어 ~할 수 있게 되었어

⊘ 기다렸던 어떤 상황을 마침내 할 수 있게 되었을 때 사용합니다.

STEP 1 중국인은 실생활에서 이렇게 말한다! 🎧 26-01

중국인과 어떻게 대화할지 막막하다고? 패턴을 활용해보자!

我服了你了! 好!
Wǒ fú le nǐ le! Hǎo!
我明天出席吧。
Wǒ míngtiān chūxí ba.

我终于能见到金总了。
Wǒ zhōngyú néng jiàndào Jīn zǒng le.

✦ 我服了你了!
Wǒ fú le nǐ le!
[회화체] 내가 졌다!

내가 졌어요! 좋아요! 내일 참석하겠습니다.

드디어 김 회장님을 볼 수 있겠군요.

出席 chūxí 동 참석하다 | 金总 Jīn zǒng 김 회장

실생활에서 접할 수 있는 여러 가지 상황을 생각하며 패턴을 훈련하자!

| 상황 01 | 언제? | A회사와의 협상 후 |
| | 누구에게? | 직원들에게 |

사장 우리 회사는 드디어 A회사와 협력할 수 있게 되었습니다!

我们公司终于能跟A公司合作了!
Wǒmen gōngsī zhōngyú néng gēn A gōngsī hézuò le!

| 상황 02 | 언제? | 만나기로 한 친구와 통화 중 |
| | 누구에게? | 친구에게 |

친구 오래 기다렸지? 난 드디어 퇴근할 수 있게 되었어!

让你久等了!我终于能下班了!
Ràng nǐ jiǔ děng le! Wǒ zhōngyú néng xiàbān le!

✤ **让你久等了!**
Ràng nǐ jiǔ děng le!
[회화체] 오래 기다리게 했네요!

| 상황 03 | 언제? | 문 선생님과 학생이 대화할 때 |
| | 누구에게? | 문 선생님에게 |

학생 선생님 덕분에 저는 드디어 중국어로 대화할 수 있게 되었어요.

托您的福,我终于能用汉语交流了。
Tuō nín de fú, wǒ zhōngyú néng yòng Hànyǔ jiāoliú le.

✤ **托您的福。**
Tuō nín de fú.
[회화체] 당신 덕분입니다.

交流 jiāoliú 동 교류하다

10가지 활용 예문을 입에 착 붙도록 말해보자!

1 我终于能回家了。 Wǒ zhōngyú néng huí jiā le.

2 我终于能吃到菜了。 Wǒ zhōngyú néng chīdào cài le.

3 我们终于能结婚了。 Wǒmen zhōngyú néng jiéhūn le.

4 我们终于能放心了。 Wǒmen zhōngyú néng fàngxīn le.

5 我终于能见到她了。 Wǒ zhōngyú néng jiàndào tā le.

6 我终于能回到公司了。 Wǒ zhōngyú néng huídào gōngsī le.

7 我儿子终于能上大学了。 Wǒ érzi zhōngyú néng shàng dàxué le.

8 我终于能进入大企业了。 Wǒ zhōngyú néng jìnrù dàqǐyè le.

9 我终于能回老家见家人了。 Wǒ zhōngyú néng huí lǎojiā jiàn jiārén le.

10 他终于能减轻负担了。 Tā zhōngyú néng jiǎnqīng fùdān le.

大企业 dàqǐyè 명 대기업 | 减轻 jiǎnqīng 동 (부담·스트레스 등을) 줄이다 | 负担 fùdān 명 부담, 책임

STEP 3의 예문을 셀로판지로 가리고 암기하자! 숙지되면 빠른 속도로 훈련하기!

		느린 속도 ≫ 빠른 속도

나는 드디어 집에 갈 수 있게 되었어.	回家	☐ ☐
나는 드디어 음식을 먹을 수 있게 되었어.	吃到	☐ ☐
우리는 드디어 결혼을 할 수 있게 되었어.	结婚	☐ ☐
우리는 드디어 마음을 놓을 수 있게 되었어.	放心	☐ ☐
나는 드디어 그녀를 볼 수 있게 되었어.	见到	☐ ☐
나는 드디어 회사로 돌아갈 수 있게 되었어.	公司	☐ ☐
우리 아들은 드디어 대학에 다닐 수 있게 되었어.	上	☐ ☐
나는 드디어 대기업에 들어갈 수 있게 되었어.	大企业	☐ ☐
나는 드디어 고향으로 돌아가 가족을 볼 수 있게 되었어.	老家	☐ ☐
그는 드디어 부담을 덜 수 있게 되었어.	减轻	☐ ☐

Pattern 27

◀ 패턴 27 음성 강의

所有的 A 都…

모든 A가 다 ~하다

✓ 어떤 것도 예외가 없음을 나타낼 때 사용합니다.

STEP 1 중국인은 실생활에서 이렇게 말한다!

🎧 27-01

중국인과 어떻게 대화할지 막막하다고? 패턴을 활용해보자!

昨天你跟女朋友掰了?
Zuótiān nǐ gēn nǚ péngyou bāi le?
真的假的?
Zhēn de jiǎ de?

她送给我的所有的
Tā sònggěi wǒ de suǒyǒu de
礼物都还给她了。
lǐwù dōu huángěi tā le.

✦ 真的假的?
Zhēn de jiǎ de?
[회화체] 정말이야?

✦ 送给 + 사람
N에게 선물로 주다
예 送给他。
Sònggěi tā.
그에게 선물하다.

어제 여자 친구랑 헤어졌어? 정말이야?

걔가 선물로 준 것도 전부 다 돌려줘버렸어.

掰 bāi 동 쪼개다, 관계를 끊다 | 还 huán 동 돌려주다

실생활에서 접할 수 있는 여러 가지 상황을 생각하며 패턴을 훈련하자!

상황 01	어디서?	백화점에서
	누구에게?	명품관 직원에게

 VIP 고객 올해 신상 전부 다 포장해주세요.

今年所有的新款都给我包装一下。
Jīnnián suǒyǒu de xīnkuǎn dōu gěi wǒ bāozhuāng yíxià.

상황 02	어디서?	카센터에서
	누구에게?	차를 수리하는 기사님에게

 고객 제 차의 모든 고장을 다 수리해주세요.

我车所有的毛病都给我修理一下。
Wǒ chē suǒyǒu de máobìng dōu gěi wǒ xiūlǐ yíxià.

상황 03	어디서?	집 앞 마트에서
	누구에게?	점원에게

 손님 제가 산 모든 물건을 다 이 주소로 배달해주세요.

我买的所有的东西都送到这个地址吧。
Wǒ mǎi de suǒyǒu de dōngxi dōu sòngdào zhège dìzhǐ ba.

🌟 送到 + 장소 N로 배달하다
예 送到我家。 우리 집으로 배달하다.
Sòngdào wǒ jiā.

新款 xīnkuǎn 명 신상품 | 包装 bāozhuāng 동 포장하다 | 毛病 máobìng 명 고장, 결점 | 修理 xiūlǐ 동 수리하다 | 地址 dìzhǐ 명 주소

10가지 활용 예문을 입에 착 붙도록 말해보자!

1 所有的朋友都来了。　　　　Suǒyǒu de péngyou dōu lái le.

2 所有的课都听完了。　　　　Suǒyǒu de kè dōu tīngwán le.

3 所有的菜都吃完了。　　　　Suǒyǒu de cài dōu chīwán le.

4 所有的东西都卖完了。　　　Suǒyǒu de dōngxi dōu màiwán le.

5 所有的车都是他的。　　　　Suǒyǒu de chē dōu shì tā de.

6 所有的问题都解决了。　　　Suǒyǒu de wèntí dōu jiějué le.

7 所有的东西都收拾一下。　　Suǒyǒu de dōngxi dōu shōushi yíxià.

8 所有的菜都是我亲自做的。　Suǒyǒu de cài dōu shì wǒ qīnzì zuò de.

9 这所有的衣服都是为你准备的。　Zhè suǒyǒu de yīfu dōu shì wèi nǐ zhǔnbèi de.

10 你的所有的问题都必须跟我商量。　Nǐ de suǒyǒu de wèntí dōu bìxū gēn wǒ shāngliang.

✤ …完了 다 ~했다 (예: 买完了。 다 샀어.) | 亲自 qīnzì 🖪 직접 | ✤ 为A… A를 위해 ~하다 (예: 这都是为你买的。 이건 다 널 위해 산 거야.) | 必须 bìxū 🖪 반드시

STEP 3의 예문을 셀로판지로 가리고 암기하자! 숙지되면 빠른 속도로 훈련하기!

		느린 속도 ≫ 빠른 속도	
모든 친구들이 다 왔어.	朋友	☐	☐
모든 수업들을 다 들었어.	课	☐	☐
모든 음식을 다 먹었어.	菜	☐	☐
모든 물건을 다 팔았어.	东西	☐	☐
이 모든 차들이 다 걔 거야.	车	☐	☐
모든 문제를 다 해결했어.	解决	☐	☐
모든 물건들을 다 정리해주세요.	收拾	☐	☐
모든 음식은 다 내가 직접 만든 거야.	亲自	☐	☐
이 모든 옷은 다 내가 널 위해 준비했어.	准备	☐	☐
너의 모든 문제는 반드시 다 나와 상의해야 해.	商量	☐	☐

Pattern 28

◀ 패턴 28 음성 강의

你还是…吧

너는 아무래도 ~하는 게 좋겠어

✅ 상대방에게 어떤 행동을 건의할 때 사용하는 표현입니다.

STEP 1 중국인은 실생활에서 이렇게 말한다! 🎧 28-01

중국인과 어떻게 대화할지 막막하다고? 패턴을 활용해보자!

你还是先跟他道歉吧。
Nǐ háishi xiān gēn tā dàoqiàn ba.

凭什么？又不是我的错！
Píng shénme? Yòu bú shì wǒ de cuò!

⭐ 又不是… ~도 아닌데
예 担心什么？
Dānxīn shénme?
他又不是你男朋友！
Tā yòu bú shì nǐ nán péngyou!
뭘 걱정이야? 걔가 네 남친도 아닌데!

너가 먼저 그에게 사과하는 게 좋겠어.

왜? 내 잘못도 아닌데!

道歉 dàoqiàn 동 사과하다 | 凭 píng 전 ~에 근거하여

실생활에서 접할 수 있는 여러 가지 상황을 생각하며 패턴을 훈련하자!

상황 01	어디서?	술집에서
	누구에게?	술을 계속 마시는 친구에게

친구 너 그만 마시는 게 좋겠다!

你还是**别喝了**吧!
Nǐ háishi bié hē le ba!

상황 02	어디서?	회사 사무실에서
	누구에게?	아파 보이는 부하직원에게

상사 너는 병원에 가서 진찰을 받아보는 게 좋겠어.

你还是**去医院看病**吧。
Nǐ háishi qù yīyuàn kànbìng ba.

상황 03	어디서?	집에서
	누구에게?	매일 늦게 귀가하는 남편에게

아내 당신 시간을 더 내서 아이랑 놀아주면 좋겠어!

你还是**多抽空陪孩子**吧!
Nǐ háishi duō chōukòng péi háizi ba!

看病 kànbìng 동 진찰을 받다 | 抽空 chōukòng 동 시간을 내다 | 陪 péi 동 동반하다, 함께 해주다

10가지 활용 예문을 입에 착 붙도록 말해보자!

1 你还是先回去吧。 Nǐ háishi xiɑn huíqù ba.

2 你还是多穿衣服吧。 Nǐ háishi duō chuān yīfu ba.

3 你还是多交朋友吧。 Nǐ háishi duō jiāo péngyou ba.

4 你还是亲眼看看吧。 Nǐ háishi qīnyǎn kànkan ba.

5 你还是早点儿结婚吧。 Nǐ háishi zǎo diǎnr jiéhūn ba.

6 你还是跟我一起走吧。 Nǐ háishi gēn wǒ yìqǐ zǒu ba.

7 你还是在我家住几天吧。 Nǐ háishi zài wǒ jiā zhù jǐ tiān ba.

8 你还是多参加这种活动吧。 Nǐ háishi duō cānjiā zhè zhǒng huódòng ba.

9 你还是多了解中国文化吧。 Nǐ háishi duō liǎojiě Zhōngguó wénhuà ba.

10 学汉语的时候，
你还是多交中国朋友吧。 Xué Hànyǔ de shíhou,
nǐ háishi duō jiāo Zhōngguó péngyǒu ba.

❈ 多… 더 (많이) ~해라 (예: 多喝水吧。 물을 더 마셔라.) | 亲眼 qīnyǎn 부 제 눈으로 | 活动 huódòng 명
행사 | 了解 liǎojiě 동 깊이 알다

STEP 3의 예문을 셀로판지로 가리고 암기하자! 숙지되면 빠른 속도로 훈련하기!

		느린 속도 ▶▶ 빠른 속도
너는 먼저 돌아가는 게 좋겠어.	回去	☐ ☐
너는 옷을 두껍게 입는 게 좋겠어.	衣服	☐ ☐
너는 친구를 많이 사귀는 게 좋아.	交朋友	☐ ☐
너는 네 눈으로 직접 한번 보는 게 좋겠어.	亲眼	☐ ☐
너는 일찍 결혼하는 게 좋겠어.	结婚	☐ ☐
너는 나랑 같이 가는 게 좋겠어.	一起	☐ ☐
너 우리 집에서 며칠 지내는 게 좋겠어.	住几天	☐ ☐
너는 이런 행사에 많이 참석하는 게 좋아.	活动	☐ ☐
너는 우선 중국 문화를 더 이해하는 게 좋겠어.	了解	☐ ☐
중국어 공부할 때 넌 중국 친구를 많이 사귀는 게 좋아.	交	☐ ☐

A 让 B…

A가 B에게 ~하라고 시키다(/하게 만들다)

✅ 누군가로 하여금 구체적 행동이나 혹은 감정의 변화가
일어나도록 할 때 사용하는 표현입니다.

STEP 1 중국인은 실생활에서 이렇게 말한다! 🎧 29-01

중국인과 어떻게 대화할지 막막하다고? 패턴을 활용해보자!

你到底为什么要跟他结婚?
Nǐ dàodǐ wèi shénme yào gēn tā jiéhūn?

他说的一句话让我感动了。
Tā shuō de yí jù huà ràng wǒ gǎndòng le.

너는 도대체 왜 그 남자랑 결혼하려는 거야?

그의 말 한마디가 나를 감동시켰거든.

一句话 yí jù huà 말 한마디 | 感动 gǎndòng 통 감동하다

실생활에서 접할 수 있는 여러 가지 상황을 생각하며 패턴을 훈련하자!

| 상황 01 | 언제? | 택배가 왔을 때 |
| | 누구에게? | 택배기사님에게 |

고객 제가 지금 아들에게 가서 택배를 받으라고 할게요.

我现在让儿子去收快递吧。
Wǒ xiànzài ràng érzi qù shōu kuàidì ba.

| 상황 02 | 어디서? | 회사 사무실에서 |
| | 누구에게? | 상사에게 |

부하 직원 제가 내일 샤오리우에게 호텔을 예약하라고 시키겠습니다.

我明天会让小刘订酒店。
Wǒ míngtiān huì ràng Xiǎo Liú dìng jiǔdiàn.

| 상황 03 | 어디서? | 슈퍼에서 |
| | 누구에게? | 주인아저씨에게 |

손님 제가 지갑을 놓고 왔네요.

我没带钱包，
Wǒ méi dài qiánbāo,

오후에 아내에게 와서 계산하라고 할게요.

下午我让老婆来结账吧。
xiàwǔ wǒ ràng lǎopo lái jiézhàng ba.

⭐ 没带 + 명사 **N**를 놓고 오다
예 我没带手机。 나 휴대전화를 놓고 왔어.
Wǒ méi dài shǒujī.

收 shōu 동 받다 | 快递 kuàidì 명 택배 | 老婆 lǎopo 명 아내 | 结账 jiézhàng 동 계산하다

10가지 활용 예문을 입에 착 붙도록 말해보자!

1 别让他过来。 Bié ràng tā guòlái.

2 妈妈让我吃饭。 Māma ràng wǒ chīfàn.

3 老师不让我参加。 Lǎoshī bú ràng wǒ cānjiā.

4 妈妈让我出去买东西。 Māma ràng wǒ chūqù mǎi dōngxi.

5 他的话让我很开心。 Tā de huà ràng wǒ hěn kāixīn.

6 他的行动让我很失望。 Tā de xíngdòng ràng wǒ hěn shīwàng.

7 这个结果让我很伤心。 Zhège jiéguǒ ràng wǒ hěn shāngxīn.

8 你爸爸让我来这里接你。 Nǐ bàba ràng wǒ lái zhèlǐ jiē nǐ.

9 今天我请客，别让他买单。 Jīntiān wǒ qǐngkè, bié ràng tā mǎidān.

10 医生让我中午12点准时吃药。 Yīshēng ràng wǒ zhōngwǔ shí'èr diǎn zhǔnshí chī yào.

开心 kāixīn 형 기쁘다 | 失望 shīwàng 동 실망하다 | 伤心 shāngxīn 동 상심하다 | 买单 mǎidān 동 계산하다 | 准时 zhǔnshí 명 제때

STEP 3의 예문을 셀로판지로 가리고 암기하자! 숙지되면 빠른 속도로 훈련하기!

느린 속도 ▶▶ 빠른 속도

그에게 오라고 하지 마.	过来

엄마가 나한테 밥 먹으라고 하셔. 吃饭

선생님께서 저에게 참가하지 말래요.	参加

엄마가 나에게 나가서 물건을 사오라고 시켰어. 买东西

그의 말은 나를 기쁘게 만들어.	开心

그의 행동은 나를 매우 실망하게 만들었어. 失望

이 결과는 나를 슬프게 만들었어.	伤心

너희 아빠가 나에게 이곳으로 너를 마중 나오라고 했어. 接

오늘은 내가 쏠 테니까 그에게 돈 내라고 하지 마.	买单

의사 선생님이 저에게 점심 12시에 맞춰 약을 먹으라고 하셨어요. 准时

◀ 패턴 30 음성 강의

Pattern 30

好像…错了

잘못 ~한 거 같아

✓ 어떤 행동이 잘못되었다고 추측할 때 사용하는 표현입니다.

STEP 1 중국인은 실생활에서 이렇게 말한다! 🎧 30-01

중국인과 어떻게 대화할지 막막하다고? 패턴을 활용해보자!

老师让我们找的网站,
Lǎoshī ràng wǒmen zhǎo de wǎngzhàn,

我已经找着了!
wǒ yǐjīng zhǎozháo le!

我看, 你好像找错了!
Wǒ kàn, nǐ hǎoxiàng zhǎocuò le!

🐤 **동사 + 着了**
[결과보어] V해냈다 [목표 달성]
예 猜着了。 알아맞혔어.
　　Cāizháo le.

선생님께서 우리에게 찾으라고 한 사이트, 내가 이미 찾았어!　　내 생각에 넌 잘못 찾은 거 같은데!

网站 wǎngzhàn 명 웹 사이트

실생활에서 접할 수 있는 여러 가지 상황을 생각하며 패턴을 훈련하자!

상황 01	언제?	택배를 받은 후
	누구에게?	(전화로) 택배기사님에게

고객 기사님! 택배를 잘못 배달하신 것 같아요.

师傅! 您好像送错了快递。
Shīfu! Nín hǎoxiàng sòngcuò le kuàidì.

상황 02	어디서?	회사에서
	누구에게?	부하직원에게

상사 넌 잘못 처리한 거 같은데, 이건 고객님이 원하는 게 아니야.

你好像搞错了，这不是客户要的。
Nǐ hǎoxiàng gǎocuò le, zhè bú shì kèhù yào de.

상황 03	어디서?	휴대전화 수리 센터에서
	누구에게?	고객에게

수리직원 제가 잘못 드린 것 같습니다. 그건 고객님 휴대전화가 아닙니다.

我好像给错了，那不是您的手机。
Wǒ hǎoxiàng gěicuò le, nà bú shì nín de shǒujī.

送 sòng 동 배달하다, 보내다 | 搞 gǎo 동 하다

10가지 활용 예문을 입에 착 붙도록 말해보자!

1 你好像说错了。 Nǐ hǎoxiàng shuōcuò le.

2 我好像听错了。 Wǒ hǎoxiàng tīngcuò le.

3 你好像来错了。 Nǐ hǎoxiàng láicuò le.

4 我们好像贴错了。 Wǒmen hǎoxiàng tiēcuò le.

5 我好像吃错了药。 Wǒ hǎoxiàng chīcuò le yào.

6 你好像写错了名字。 Nǐ hǎoxiàng xiěcuò le míngzi.

7 我们好像找错了方向。 Wǒmen hǎoxiàng zhǎocuò le fāngxiàng.

8 你好像买错了，赶紧去换。 Nǐ hǎoxiàng mǎicuò le, gǎnjǐn qù huàn.

9 我们好像学错了，
这儿不是考试范围。 Wǒmen hǎoxiàng xuécuò le,
zhèr búshì kǎoshì fànwéi.

10 老板，这可怎么办?
我好像订错了房间。 Lǎobǎn, zhè kě zěnme bàn?
Wǒ hǎoxiàng dìngcuò le fángjiān.

贴 tiē 동 붙이다 | 方向 fāngxiàng 명 방향 | 赶紧 gǎnjǐn 부 서둘러, 재빨리 | 范围 fànwéi 명 범위

*STEP 3*의 예문을 셀로판지로 가리고 암기하자! 숙지되면 빠른 속도로 훈련하기!

		느린 속도 ≫ 빠른 속도

너 잘못 말한 거 같아. — 说

내가 잘못 들은 거 같아. — 听

너 잘못 온 거 같아. — 来

우리는 잘못 붙인 거 같아. — 贴

나 약을 잘못 먹은 거 같아. — 吃药

너 이름을 잘못 쓴 거 같아. — 名字

우리 방향을 잘못 잡은 거 같은데. — 方向

너 잘못 산 거 같아. 얼른 가서 바꿔. — 买

우리 잘못 공부한 거 같아. 여기는 시험범위가 아니야. — 学

사장님 이걸 어쩌죠? 제가 방을 잘못 예약한 것 같습니다. — 订

21

那(你)得快点儿…

그럼 (너는) 얼른 ~해야지

- ✓ 그럼 얼른 **집에 가**야지.
- ✓ 그럼 너는 얼른 **그에게 말해**야지.
- ✓ 그럼 너 얼른 **집에 가서 쉬**어.

22

千万不要(/千万别)…

제발(/절대로) ~하지 마라

- ✓ 제발 **오지** 마.
- ✓ 절대로 **시간을 낭비하지** 마세요.
- ✓ 절대로 **자신의 꿈을 포기하지** 마세요.

30

好像…错了

잘못 ~한 거 같아

- ✓ 넌 **잘못 말한** 거 같아.
- ✓ 우리는 **잘못 붙인** 거 같아.
- ✓ 우리 **방향을 잘못 잡은** 거 같은데.

Pattern 21~30

29

A让B…

A가 B에게 ~하라고 시키다(/하게 만들다)

- ✓ 그에게 **오라고 하**지 마.
- ✓ 그의 말은 **나를 기쁘게** 만들어.
- ✓ 그의 행동은 **나를 매우 실망하게** 만들었어.

28

你还是…吧

너는 아무래도 ~하는 게 좋겠어

- ✓ 너는 **먼저 돌아가**는 게 좋겠어.
- ✓ 너는 **친구를 많이 사귀**는 게 좋아.
- ✓ 너는 **우선 중국 문화를 더 이해하**는 게 좋겠어.

23

变 … 了

~하게 변했어

- 그녀는 예뻐졌어.
- 문제가 심각해졌어.
- 그는 다이어트를 하고 나서 잘생겨졌어.

24

… 成这样 / … 成 A

이 정도로 ~하다 / A로 ~하다

- 넌 왜 이렇게 변했냐?
- 오늘은 왜 이렇게 차가 막히는 거지?
- 중국 돈으로 바꿔주세요.

내 문장으로 만들기!

25

原来 + 사실인 내용

알고 보니 ~이구나

- 알고 보니 너 나 좋아하는구나?
- 알고 보니 너도 어제 수업 안 갔구나?
- 알고 보니 걔네 둘은 이미 사귀는구나.

27

所有的 A 都 …

모든 A가 다 ~하다

- 모든 음식을 다 먹었어.
- 모든 문제를 다 해결했어.
- 모든 음식은 다 내가 직접 만든 거야.

26

终于能 … 了

드디어 ~할 수 있게 되었어

- 나는 드디어 집에 갈 수 있게 되었어.
- 나는 드디어 그녀를 볼 수 있게 되었어.
- 나는 드디어 대기업에 들어갈 수 있게 되었어.

Pattern 31~40

Pattern 31

我再也不…了

나는 다시는 ~하지 않을 거야

✓ 어떤 행동을 다시는 하지 않겠다는 결단을 내릴 때 사용하는 표현입니다.

STEP 1 중국인은 실생활에서 이렇게 말한다! 🎧 31-01

중국인과 어떻게 대화할지 막막하다고? 패턴을 활용해보자!

身体怎么样了?
Shēntǐ zěnmeyàng le?
还那么难受吗?
Hái nàme nánshòu ma?

昨晚吐了三个小时,
Zuówǎn tù le sān ge xiǎoshí,
我再也不喝酒了。
wǒ zài yě bù hē jiǔ le.

⚡ 동사 + 了 + 시간
~동안 V를 했다
예 看了一个小时。
Kàn le yí ge xiǎoshí.
1시간 동안 봤어.

몸 어때? 아직도 그렇게 힘들어?　　어젯밤에 토를 3시간 동안 했어. 나 다시는 술 안 마실 거야.

那么 nàme 대 그렇게 | 难受 nánshòu 형 괴롭다, 힘들다 | 吐 tù 동 토하다

실생활에서 접할 수 있는 여러 가지 상황을 생각하며 패턴을 훈련하자!

상황 01	언제?	친구와 대화 중
	누구에게?	헤어스타일이 마음에 드냐고 묻는 친구에게

친구 난 다시는 거기서 머리 안 자를 거야. 보기 흉해 죽겠어!

我再也不在那儿剪发了，难看死了！
Wǒ zài yě bú zài nàr jiǎn fà le, nánkàn sǐ le!

⚜ 형용사 + 死了
정말 (심하게) **A**하다
예 疼死了。 아파 죽겠어.
Téng sǐ le.

상황 02	언제?	친구와 대화 중
	누구에게?	식당을 추천해 달라는 친구에게

친구 진짜 맛없어! 어쨌든 난 다시는 거기 음식 안 먹을 거야.

真不好吃！反正我再也不吃那儿的菜了。
Zhēn bù hǎochī! Fǎnzhèng wǒ zài yě bù chī nàr de cài le.

상황 03	어디서?	병원에서
	누구에게?	담배 피우지 말라는 의사 선생님에게

환자 알겠습니다! 저 더 이상 담배 피우지 않겠습니다.

知道了！我再也不抽烟了。
Zhīdào le! Wǒ zài yě bù chōuyān le.

剪发 jiǎnfà 동 머리카락을 자르다 | 抽烟 chōuyān 동 흡연하다

10가지 활용 예문을 입에 착 붙도록 말해보자!

1 我再也不逃跑了。 　　Wǒ zài yě bù táopǎo le.

2 我再也不参加了。 　　Wǒ zài yě bù cānjiā le.

3 我再也不放弃了。 　　Wǒ zài yě bú fàngqì le.

4 我再也不迟到了。 　　Wǒ zài yě bù chídào le.

5 我再也不加班了。 　　Wǒ zài yě bù jiābān le.

6 我再也不帮助你了！ 　　Wǒ zài yě bù bāngzhù nǐ le!

7 我再也不相信他的话了！ 　　Wǒ zài yě bù xiāngxìn tā de huà le!

8 我再也不买你们的产品了！ 　　Wǒ zài yě bù mǎi nǐmen de chǎnpǐn le!

9 我再也不从你身边离开了。 　　Wǒ zài yě bù cóng nǐ shēnbiān líkāi le.

10 我再也不跟你们公司合作了。 　　Wǒ zài yě bù gēn nǐmen gōngsī hézuò le.

逃跑 táopǎo 동 도망가다 ｜ 帮助 bāngzhù 동 돕다 ｜ 相信 xiāngxìn 동 믿다 ｜ 产品 chǎnpǐn 명 상품 ｜ 身边 shēnbiān 명 곁, 옆 ｜ 离开 líkāi 동 떠나다, 벗어나다 ｜ 合作 hézuò 동 협력하다

STEP 3의 예문을 셀로판지로 가리고 암기하자! 숙지되면 빠른 속도로 훈련하기!

		느린 속도 ▶▶ 빠른 속도
난 더 이상 도망가지 않을 거야.	逃跑	☐ ☐
난 더 이상 참가하지 않을 거야.	参加	☐ ☐
난 더 이상 포기하지 않을 거야.	放弃	☐ ☐
전 다시는 지각하지 않겠습니다.	迟到	☐ ☐
난 다시는 야근하지 않겠어.	加班	☐ ☐
난 다시는 널 도와주지 않을 거야!	帮助	☐ ☐
난 더 이상 그의 말을 믿지 않겠어!	相信	☐ ☐
전 다시는 당신들의 상품을 구입하지 않겠어요!	产品	☐ ☐
난 다시는 너의 곁을 떠나지 않을게.	身边	☐ ☐
전 다시는 당신 회사와 협력하지 않을 겁니다.	合作	☐ ☐

Pattern 32

의문대명사 + 都不(/没有)···

~도 ~하지 않아(/않았어)

✅ 어떠한 행동을 부정하며 이를 강조할 때 주로 사용하는 표현입니다.

STEP 1 중국인은 실생활에서 이렇게 말한다! 🎧 32-01

중국인과 어떻게 대화할지 막막하다고? 패턴을 활용해보자!

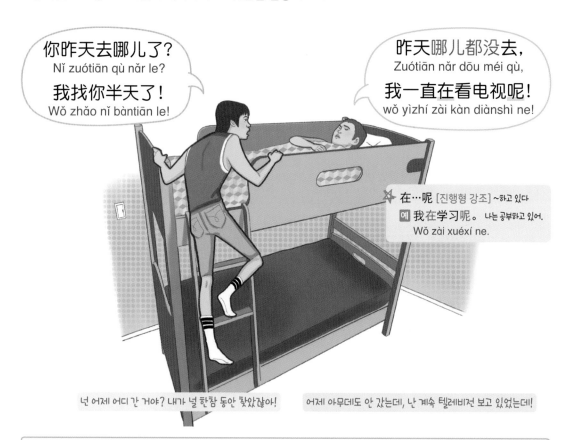

你昨天去哪儿了?
Nǐ zuótiān qù nǎr le?
我找你半天了!
Wǒ zhǎo nǐ bàntiān le!

昨天哪儿都没去,
Zuótiān nǎr dōu méi qù,
我一直在看电视呢!
wǒ yìzhí zài kàn diànshì ne!

✦ 在···呢 [진행형 강조] ~하고 있다
예 我在学习呢。 나는 공부하고 있어.
   Wǒ zài xuéxí ne.

넌 어제 어디 간 거야? 내가 널 한참 동안 찾았잖아!

어제 아무데도 안 갔는데, 난 계속 텔레비전 보고 있었는데!

半天 bàntiān 명 한참 동안, 오랫동안

실생활에서 접할 수 있는 여러 가지 상황을 생각하며 패턴을 훈련하자!

상황 01	언제?	수리기사님과 통화 중
	누구에게?	수리기사님에게

고객 기사님! 내일 오전에 오세요. 전 아무데도 안 갈 거예요.

师傅！明天上午过来吧，我哪儿都不去。
Shīfu! Míngtiān shàngwǔ guòlái ba, wǒ nǎr dōu bú qù.

상황 02	어디서?	학교에서
	누구에게?	선물을 주는 학부모님에게

교사 죄송해요! 학교 규정이 있어서

不好意思！学校有规定，
Bù hǎoyìsi! Xuéxiào yǒu guīdìng,

전 아무것도 받을 수 없어요.

我什么都不能收。
wǒ shénme dōu bù néng shōu.

상황 03	어디서?	병원에서
	누구에게?	오늘 뭘 먹었냐고 묻는 의사 선생님에게

환자 저는 오늘 하루 종일 아무것도 안 먹었어요.

我今天一整天什么都没吃啊。
Wǒ jīntiān yì zhěngtiān shénme dōu méi chī a.

规定 guīdìng 명 규정 | 一整天 yì zhěngtiān 하루 종일

10가지 활용 예문을 입에 착 붙도록 말해보자!

1 他**谁都不**见。 Tā shéi dōu bú jiàn.

2 我**哪儿都不**去。 Wǒ nǎr dōu bú qù.

3 他**什么都不**说。 Tā shénme dōu bù shuō.

4 **谁都不**告诉我。 Shéi dōu bú gàosu wǒ.

5 他**什么都不**吃。 Tā shénme dōu bù chī.

6 我**什么都**没有看。 Wǒ shénme dōu méiyǒu kàn.

7 我**什么都**没有偷。 Wǒ shénme dōu méiyǒu tōu.

8 我周末**哪儿都**没去。 Wǒ zhōumò nǎr dōu méi qù.

9 他天天在家里**什么都不**做。 Tā tiāntiān zài jiā li shénme dōu bú zuò.

10 他太抠了! 什么都没给我。 Tā tài kōu le! Shénme dōu méi gěi wǒ.

偷 tōu 동 훔치다 | 天天 tiāntiān 명 날마다, 매일 | 📌 太抠了 tài kōu le 회화체 매우 인색하다

STEP 3의 예문을 셀로판지로 가리고 암기하자! 숙지되면 빠른 속도로 훈련하기!

		느린 속도 ≫ 빠른 속도
그는 아무도 안 만난다.	见	☐ ☐
나는 아무데도 안 가.	去	☐ ☐
그는 아무것도 말하지 않는다.	说	☐ ☐
아무도 나에게 말해주지 않아.	告诉	☐ ☐
그는 아무것도 안 먹는다.	吃	☐ ☐
나는 아무것도 안 봤어.	看	☐ ☐
나는 아무것도 훔치지 않았어요.	偷	☐ ☐
나는 주말에 아무데도 안 갔어.	周末	☐ ☐
그는 매일 집에서 아무것도 안 한다.	天天	☐ ☐
걔는 엄청 짜! 나에게 아무것도 주지 않았어.	给	☐ ☐

Pattern 33

 ◀ 패턴 33 음성 강의

我估计…

내 생각에는 ~일 거야

✓ 어떠한 상황을 예측할 때 사용하는 패턴입니다.

STEP 1 **중국인은 실생활에서 이렇게 말한다!** 🎧 33-01

중국인과 어떻게 대화할지 막막하다고? 패턴을 활용해보자!

我估计他明天上午到这儿!
Wǒ gūjì tā míngtiān shàngwǔ dào zhèr!

不会耽误的。
Bú huì dānwù de.

他不接电话,
Tā bù jiē diànhuà,

他什么时候到这儿啊?
tā shénme shíhou dào zhèr a?

걔는 계속 전화를 안 받아. 언제쯤 여기 도착한다는 거야?

내 생각에 그는 내일 오전에 도착할 거야! 늦지 않을 거야.

估计 gūjì 동 추측하다, 예측하다 | 耽误 dānwù 동 (시간·일 등을) 그르치다

실생활에서 접할 수 있는 여러 가지 상황을 생각하며 패턴을 훈련하자!

상황 01	언제?	택시를 타고 집에 가는 중
	누구에게?	택배기사님에게

고객 기사님, 제가 30분 후에야 집에 도착할 것 같아요.

师傅，我估计三十分钟以后才能到家啊。
Shīfu, wǒ gūjì sānshí fēnzhōng yǐhòu cái néng dào jiā a.

상황 02	언제?	월급 받기 일주일 전
	누구에게?	돈을 갚으라는 친구에게

친구 내 생각에는 다음 주쯤에 갚을 수 있을 것 같은데….

我估计下星期才能还给你啊…。
Wǒ gūjì xià xīngqī cái néng huángěi nǐ a….

상황 03	어디서?	병원에서
	누구에게?	언제쯤 퇴원이 가능하냐는 보호자에게

의사 몸이 많이 좋아지셨네요.

您的身体好多了，
Nín de shēntǐ hǎo duō le,

제 생각에는 다음 주에 퇴원 가능하실 것 같아요.

我估计下星期可以出院。
wǒ gūjì xià xīngqī kěyǐ chūyuàn.

🦋 **…好多了** ~이 많이 좋아졌다
예 **成绩好多了。** 성적이 많이 좋아졌어.
Chéngjì hǎo duō le.

还 huán 동 돌려주다 | 出院 chūyuàn 동 퇴원하다

10가지 활용 예문을 입에 착 붙도록 말해보자!

1 我估计不够。 Wǒ gūjì búgòu.

2 我估计他不来。 Wǒ gūjì tā bù lái.

3 我估计他能成功。 Wǒ gūjì tā néng chénggōng.

4 我估计明天会下雨。 Wǒ gūjì míngtiān huì xiàyǔ.

5 我估计后天可以。 Wǒ gūjì hòutiān kěyǐ.

6 我估计他不同意。 Wǒ gūjì tā bù tóngyì.

7 我估计他一个人吃不完。 Wǒ gūjì tā yí ge rén chībuwán.

8 我估计十分钟后能到达。 Wǒ gūjì shí fènzhōng hòu néng dàodá.

9 我估计去北京能找到这种地方。 Wǒ gūjì qù Běijīng néng zhǎodào zhè zhǒng dìfang.

10 我估计他不会承认自己的错误。 Wǒ gūjì tā bú huì chéngrèn zìjǐ de cuòwù.

✤ …不完 가능보어 다 ~할 수 없다 (예: 看不完。 다 볼 수 없다.) | 到达 dàodá 동 도착하다 | 承认 chéngrèn 동 인정하다 | 错误 cuòwù 명 잘못, 실수

STEP 3의 예문을 셀로판지로 가리고 암기하자! 숙지되면 빠른 속도로 훈련하기!

		느린 속도 ≫ 빠른 속도
내 생각엔 부족할 것 같아.	不够	☐ ☐
내 생각에 그는 안 올 거야.	来	☐ ☐
아마 그는 성공할 거야.	成功	☐ ☐
내일 아마 비가 올 것 같은데.	下雨	☐ ☐
모레는 아마 가능할 것 같아.	可以	☐ ☐
내 생각에 걔는 동의하지 않을 거야.	同意	☐ ☐
내 생각에 걔 혼자서는 다 못 먹을 것 같아.	吃不完	☐ ☐
제 생각에 10분 후에 도착할 것 같습니다.	到达	☐ ☐
내 생각에 베이징에 가면 이런 곳을 찾을 수 있을 것 같아.	找到	☐ ☐
내 생각에 걔는 자기 잘못을 인정하지 않을 것 같아.	承认	☐ ☐

Pattern 34

◀ 패턴 34 음성 강의

没必要…

~할 필요가 없어

✅ 어떤 행동을 하지 말라고 강조할 때 사용하는 표현입니다.

STEP 1 중국인은 실생활에서 이렇게 말한다! 🎧 34-01

중국인과 어떻게 대화할지 막막하다고? 패턴을 활용해보자!

我先回家跟老婆说一下!
Wǒ xiān huí jiā gēn lǎopo shuō yíxià!

你没必要说,
Nǐ méi bìyào shuō,

如果相信我,那就签吧!
rúguǒ xiāngxìn wǒ, nà jiù qiān ba!

일단 집에 가서 아내한테 말 좀 해보고!

말할 필요 없어, 날 믿는다면 그냥 사인해!

签 qiān 동 사인하다, 서명하다

실생활에서 접할 수 있는 여러 가지 상황을 생각하며 패턴을 훈련하자!

상황 01	어디서?	회사에서
	누구에게?	퇴근을 기다려준다는 동료에게

동료 너는 날 기다릴 필요 없어. 나는 늦게 퇴근할 것 같아.

你没必要等我，我估计晚点儿下班。
Nǐ méi bìyào děng wǒ, wǒ gūjì wǎn diǎnr xiàbān.

상황 02	어디서?	상점에서
	언제?	점원과 흥정할 때

손님 정말로 서비스를 줄 필요는 없고요. 가격을 깎아주세요.

真没必要送东西，再给我便宜点儿吧。
Zhēn méi bìyào sòng dōngxi, zài gěi wǒ piányi diǎnr ba.

상황 03	어디서?	병원에서
	누구에게?	입원해야 되냐고 묻는 보호자에게

의사 입원할 필요는 없고요. 영양가 있는 걸 많이 해드리세요.

没必要住院，多给他做有营养的菜吧。
Méi bìyào zhùyuàn, duō gěi tā zuò yǒu yíngyǎng de cài ba.

🌟 **多给 A** ··· A에게 많이 ~해주다

예 多给孩子看。 아이들에게 많이 보여줌.
　　Duō gěi háizi kàn.

住院 zhùyuàn 동 입원하다 ｜ 营养 yíngyǎng 명 영양가

10가지 활용 예문을 입에 착 붙도록 말해보자!

1 没必要过来!   Méi bìyào guòlái!

2 没必要花钱买!   Méi bìyào huāqián mǎi!

3 你没必要跟我说。   Nǐ méi bìyào gēn wǒ shuō.

4 没必要过来接我。   Méi bìyào guòlái jiē wǒ.

5 没必要跟我一起去。   Méi bìyào gēn wǒ yìqǐ qù.

6 你没必要这么生气!   Nǐ méi bìyào zhème shēngqì!

7 你没必要跟我解释!   Nǐ méi bìyào gēn wǒ jiěshì!

8 你没必要牺牲自己!   Nǐ méi bìyào xīshēng zìjǐ!

9 我们家很小，没必要雇保姆。   Wǒmen jiā hěn xiǎo, méi bìyào gù bǎomǔ.

10 我看还可以，没必要重新做。   Wǒ kàn hái kěyǐ, méi bìyào chóngxīn zuò.

牺牲 xīshēng 동 희생하다 | 雇 gù 동 고용하다 | 保姆 bǎomǔ 명 가정부

STEP 3의 예문을 셀로판지로 가리고 암기하자! 숙지되면 빠른 속도로 훈련하기!

		느린 속도 ▶▶ 빠른 속도
올 필요 없어!	过来	☐ ☐
돈 써서 살 필요는 없고!	花钱	☐ ☐
너는 나에게 말할 필요 없어.	跟我	☐ ☐
날 마중 나올 필요까지는 없어.	接	☐ ☐
나와 같이 갈 필요 없어.	一起	☐ ☐
너 이렇게 화낼 필요까지는 없잖아!	生气	☐ ☐
너는 나에게 변명할 필요 없어!	解释	☐ ☐
너는 네 자신을 희생할 필요까지는 없어!	牺牲	☐ ☐
우리 집은 작아서 가정부를 고용할 필요는 없어.	保姆	☐ ☐
내 생각엔 괜찮은 것 같은데, 다시 할 필요는 없어.	重新	☐ ☐

◀ 패턴 35 음성 강의

并不是···

결코 ~가 아니야

✓ 주어에 대해 어떠한 점이 결코 아니라는 점을 강조할 때 사용하는 표현입니다.

STEP 1 **중국인은 실생활에서 이렇게 말한다!** 🎧35-01

중국인과 어떻게 대화할지 막막하다고? 패턴을 활용해보자!

你承认自己的错误吧!
Nǐ chéngrèn zìjǐ de cuòwù ba!

这并不是我的错,
Zhè bìng bú shì wǒ de cuò,

难道你也不相信吗?
nándào nǐ yě bù xiāngxìn ma?

너는 네 잘못을 인정해!

이건 결코 내 잘못이 아니라고, 설마 너도 못 믿는 거야?

承认 chéngrèn 동 인정하다 | 并 bìng 부 결코 | 难道 nándào 부 설마

실생활에서 접할 수 있는 여러 가지 상황을 생각하며 패턴을 훈련하자!

상황 01	어디서?	식당에서
	누구에게?	종업원에게

 손님 이건 제가 시킨 음식이 아닌데요. 가서 확인해보세요!

这并不是我点的菜，您去确认一下！

Zhè bìng bú shì wǒ diǎn de cài, nín qù quèrèn yíxià!

상황 02	언제?	친구와 다툰 후
	누구에게?	화가 난 친구에게

 친구 난 정말 억울해. 난 결코 그런 사람이 아니야!

我真的很委屈，我并不是那种人！

Wǒ zhēn de hěn wěiqu, wǒ bìng bú shì nà zhǒng rén!

상황 03	어디서?	미용실에서
	누구에게?	오늘 처음 실전에 돌입한 미용사에게

 손님 뭐 하는 거예요? 이건 제가 원하는 헤어스타일이 아니라고요!

你干嘛呢？这并不是我要的发型！

Nǐ gànmá ne? Zhè bìng bú shì wǒ yào de fàxíng!

✿ 干嘛呢? 뭐 하는 거야?
Gànmá ne?

委屈 wěiqu 형 억울하다 ｜ 发型 fàxíng 명 헤어스타일

10가지 활용 예문을 입에 착 붙도록 말해보자!

1 那**并不是**你的书。 Nà bìng bú shì nǐ de shū.

2 他**并不是**我的朋友。 Tā bìng bú shì wǒ de péngyou.

3 这**并不是**你的东西。 Zhè bìng bú shì nǐ de dōngxi.

4 那**并不是**真正的原因。 Nà bìng bú shì zhēnzhèng de yuányīn.

5 他**并不是**我喜欢的类型。 Tā bìng bú shì wǒ xǐhuan de lèixíng.

6 这**并不是**我想要的结果。 Zhè bìng bú shì wǒ xiǎng yào de jiéguǒ.

7 这**并不是**他一个人完成的。 Zhè bìng bú shì tā yí ge rén wánchéng de.

8 他**并不是**我以前见过的人。 Tā bìng bú shì wǒ yǐqián jiànguo de rén.

9 这**并不是**他让我做的事。 Zhè bìng bú shì tā ràng wǒ zuò de shì.

10 这**并不是**我儿子喜欢的玩具。 Zhè bìng bú shì wǒ érzi xǐhuan de wánjù.

真正 zhēnzhèng 형 진정한, 진짜의 | 原因 yuányīn 명 원인 | 类型 lèixíng 명 유형, 스타일 | 想要 xiǎng yào 원하다 | 玩具 wánjù 명 장난감

STEP 3의 예문을 셀로판지로 가리고 암기하자! 숙지되면 빠른 속도로 훈련하기!

		느린 속도 ≫ 빠른 속도
그건 결코 네 책이 아니야.	书	☐ ☐
그는 결코 내 친구가 아니야.	朋友	☐ ☐
이건 결코 네 물건이 아니야.	东西	☐ ☐
그건 결코 진짜 원인이 아니야.	原因	☐ ☐
그는 결코 내가 좋아하는 스타일이 아니야.	类型	☐ ☐
이건 결코 내가 원하는 결과가 아니야.	结果	☐ ☐
이건 결코 그가 혼자서 완성해낸 것이 아니야.	完成	☐ ☐
그는 결코 내가 예전에 본 적이 있는 사람이 아니야.	以前	☐ ☐
이건 결코 그가 나에게 하라고 시킨 일이 아니야.	让	☐ ☐
이건 결코 내 아들이 좋아하는 장난감이 아니야.	玩具	☐ ☐

Pattern 36

◀ 패턴 36 음성 강의

该…了

~의 차례야/~할 때가 됐어

✓ 누군가의 차례나 혹은 어떠한 행위를 할 시점임을 강조할 때 사용합니다.

STEP 1 중국인은 실생활에서 이렇게 말한다! 🎧 36-01

중국인과 어떻게 대화할지 막막하다고? 패턴을 활용해보자!

跟我在一起那么无聊吗?
Gēn wǒ zài yìqǐ nàme wúliáo ma?

别误会了!
Bié wùhuì le!
晚上有事，我该回家了。
Wǎnshang yǒu shì, wǒ gāi huí jiā le.

나랑 함께 있는 게 그렇게 재미없냐?

오해하지 마! 저녁에 일이 있어서, 집에 가야 해서 그래.

无聊 wúliáo 형 지루하다 | 误会 wùhuì 동 오해하다 명 오해

STEP 2 다양한 상황 속에서 패턴을 뱉어내자! 36-02

실생활에서 접할 수 있는 여러 가지 상황을 생각하며 패턴을 훈련하자!

상황 01

언제?	친구와 대화 중
누구에게?	남친과 싸운 친구에게

절친 또 싸웠다고? 내가 볼 때 너희 둘은 헤어질 때가 됐어.

又吵架了？我看，你们俩该分手了。

Yòu chǎojià le? Wǒ kàn, nǐmen liǎ gāi fēnshǒu le.

상황 02

어디서?	집에서
누구에게?	자고 있는 딸에게

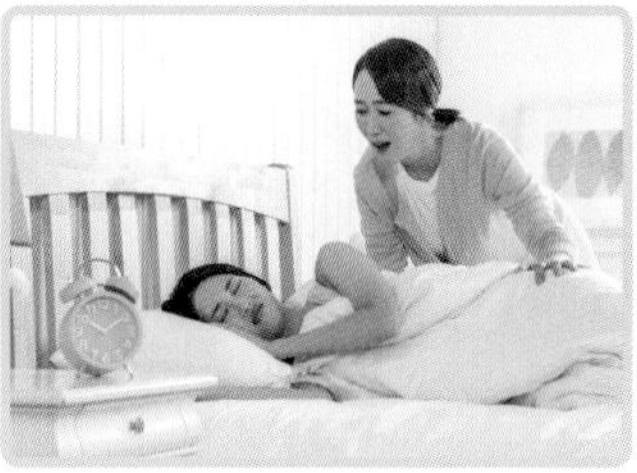

엄마 일어날 때 됐어! 그렇지 않으면 학교 늦을 거야.

该起床了！要不然，你会迟到的。

Gāi qǐchuáng le! Yào bùrán, nǐ huì chídào de.

상황 03

무엇을 하며?	카드 놀이를 하면서
누구에게?	빨리 패를 안 내고 시간 끌고 있는 친구에게

친구 멍하니 뭐 하고 있냐? 네 차례야! 얼른 쳐!

愣着干嘛？该你了！快打呀！

Lèngzhe gànmá? Gāi nǐ le! Kuài dǎ ya!

愣着干嘛？
Lèngzhe gànmá?
[회화체] 뭘 멍하니 있어?

吵架 chǎojià 동 다투다, 말다툼하다 | 分手 fēnshǒu 동 헤어지다 | 要不然 yào bùrán 그렇지 않으면

10가지 활용 예문을 입에 착 붙도록 말해보자!

1 该我了。 Gāi wǒ le.

2 现在该我了。 Xiànzài gāi wǒ le.

3 我该换车了。 Wǒ gāi huàn chē le.

4 现在该你吃了。 Xiànzài gāi nǐ chī le.

5 你该结婚了吧? Nǐ gāi jiéhūn le ba?

6 我们该离开北京了。 Wǒmen gāi líkāi Běijīng le.

7 现在你该报答老师了。 Xiànzài nǐ gāi bàodá lǎoshī le.

8 你该跟他好好儿说了。 Nǐ gāi gēn tā hǎohāor shuō le.

9 现在该你告诉我原因了吧? Xiànzài gāi nǐ gàosu wǒ yuányīn le ba?

10 工资已经发了，该你请我吃饭了。 Gōngzī yǐjīng fā le, gāi nǐ qǐng wǒ chīfàn le.

报答 bàodá 동 보답하다 | 发工资 fā gōngzī 월급을 주다

STEP 3의 예문을 셀로판지로 가리고 암기하자! 숙지되면 빠른 속도로 훈련하기!

		느린 속도 ≫ 빠른 속도
내 차례야.	我	☐ ☐
이제 내 차례야.	现在	☐ ☐
나는 차를 바꿀 때가 됐어.	换车	☐ ☐
이제 네가 먹을 차례야.	吃	☐ ☐
너는 결혼할 때가 됐지?	结婚	☐ ☐
우리 베이징을 떠날 때가 됐어.	离开	☐ ☐
이제 네가 선생님께 보답할 차례야.	报答	☐ ☐
너는 그와 잘 이야기해볼 때가 됐어.	好好儿	☐ ☐
이제는 나에게 이유를 말해줄 때가 됐지?	原因	☐ ☐
월급도 나왔는데 네가 밥 쏠 차례야.	请	☐ ☐

◀ 패턴 37 음성 강의

如果···那该(有)多好啊!

~하면 그럼 얼마나 좋을까!

⊘ 어떤 상황이 되면 좋겠다는 소망을 나타낼 때 사용합니다.

STEP 1 중국인은 실생활에서 이렇게 말한다! 🎧 37-01

중국인과 어떻게 대화할지 막막하다고? 패턴을 활용해보자!

如果我能跟秀贞在一起,
Rúguǒ wǒ néng gēn Xiùzhēn zài yìqǐ,

那该有多好啊!
nà gāi yǒu duō hǎo a!

做梦吧你! 她眼光特别高。
Zuòmèng ba nǐ! Tā yǎnguāng tèbié gāo.

✷ 在一起 [회화체] 사귀다
zài yìqǐ

✷ 做梦吧你!
Zuòmèng ba nǐ!
[회화체] 꿈 깨!

내가 수정이와 사귈 수 있다면 얼마나 좋을까!

꿈 깨! 걔 눈이 엄청 높아.

眼光 yǎnguāng 명 안목

실생활에서 접할 수 있는 여러 가지 상황을 생각하며 패턴을 훈련하자!

| 상황 01 | 어디서? | 회사에서 |
| | 누구에게? | 동료에게 |

동료 오늘 일찍 퇴근할 수 있으면 얼마나 좋을까!

今天如果能早点儿下班，
Jīntiān rúguǒ néng zǎo diǎnr xiàbān,

那该有多好啊！
nà gāi yǒu duō hǎo a!

| 상황 02 | 언제? | 오랜만에 아내가 밥을 차려줬을 때 |
| | 누구에게? | 아내에게 |

남편 매일 이런 음식을 먹을 수 있다면 얼마나 좋을까!

如果天天能吃这样的菜，
Rúguǒ tiāntiān néng chī zhèyàng de cài,

那该有多好啊！
nà gāi yǒu duō hǎo a!

| 상황 03 | 언제? | 운전 면허 시험장에 가려고 나서는 중 |
| | 누구에게? | 남편에게 |

아내 자기야! 당신이 나랑 같이 가주면 얼마나 좋을까!

亲爱的！如果你能陪我一起去，
Qīn'ài de! Rúguǒ nǐ néng péi wǒ yìqǐ qù,

那该多好啊！
nà gāi duō hǎo a!

天天 tiāntiān 명 매일 ｜ 亲爱的 qīn'ài de 자기야

10가지 활용 예문을 입에 착 붙도록 말해보자!

1	如果明天去，那该有多好啊！	Rúguǒ míngtiān qù, nà gāi yǒu duō hǎo a!
2	如果这是我的，那该多好啊！	Rúguǒ zhè shì wǒ de, nà gāi duō hǎo a!
3	如果父母同意，那该多好啊！	Rúguǒ fùmǔ tóngyì, nà gāi duō hǎo a!
4	如果今天下雪，那该有多好啊！	Rúguǒ jīntiān xià xuě, nà gāi yǒu duō hǎo a!
5	如果我也是明星，那该多好啊！	Rúguǒ wǒ yě shì míngxīng, nà gāi duō hǎo a!
6	如果今天是周六，那该有多好啊！	Rúguǒ jīntiān shì zhōuliù, nà gāi yǒu duō hǎo a!
7	如果我中一等奖，那该有多好啊！	Rúguǒ wǒ zhòng yī děngjiǎng, nà gāi yǒu duō hǎo a!
8	如果我也能跟你一起去，那该多好啊！	Rúguǒ wǒ yě néng gēn nǐ yìqǐ qù, nà gāi duō hǎo a!
9	如果我儿子考上名牌大学，那该有多好啊！	Rúguǒ wǒ érzi kǎoshàng míngpái dàxué, nà gāi yǒu duō hǎo a!
10	如果我儿子也跟你儿子一样懂事，那该有多好啊！	Rúguǒ wǒ érzi yě gēn nǐ érzi yíyàng dǒngshì, nà gāi yǒu duō hǎo a!

同意 tóngyì 동 허락하다, 동의하다 | 中一等奖 zhòng yī děng jiǎng 1등에 당첨되다 | 名牌大学 míngpái dàxué 명문대학교 | 懂事 dǒngshì 동 철들다

STEP 3의 예문을 셀로판지로 가리고 암기하자! 숙지되면 빠른 속도로 훈련하기!

		느린 속도 ≫ 빠른 속도
내일 가면 얼마나 좋을까!	明天	☐ ☐
이게 내 것이라면 얼마나 좋을까!	我的	☐ ☐
부모님께서 허락하시면 얼마나 좋을까!	同意	☐ ☐
오늘 눈이 내리면 얼마나 좋을까!	下雪	☐ ☐
나도 연예인이면 얼마나 좋을까!	明星	☐ ☐
오늘이 토요일이면 얼마나 좋을까!	周六	☐ ☐
내가 1등에 당첨되면 얼마나 좋겠어!	中一等奖	☐ ☐
나도 너랑 같이 갈 수 있다면 얼마나 좋을까!	一起去	☐ ☐
우리 아들이 명문대에 합격하면 얼마나 좋을까!	名牌大学	☐ ☐
우리 아들도 네 아들처럼 철이 들면 얼마나 좋을까!	懂事	☐ ☐

Pattern 38

◀ 패턴 38 음성 강의

你先···好

너는 우선 잘 ~해

✓ 우선 어떤 행동을 먼저 제대로 하라는 의미의 표현입니다.

중국인과 어떻게 대화할지 막막하다고? 패턴을 활용해보자!

你怎么这么笨呢?
Nǐ zěnme zhème bèn ne?

你动动脑子吧!
Nǐ dòngdòng nǎozi ba!

说什么呢? 你先
Shuō shénme ne? Nǐ xiān

管好自己的事吧!
guǎnhǎo zìjǐ de shì ba!

✷ 动动脑子!
Dòngdòng nǎozi!
[회화체] 머리를 좀 써라!

✷ 说什么呢?
Shuō shénme ne?
[회화체] 뭐라고 하는 거야?, 헛소리하지 마!

너 왜 이렇게 멍청하냐? 머리를 좀 써야지!

뭐라는 거야? 너는 네 일이나 똑바로 해!

笨 bèn 형 멍청하다 | 脑子 nǎozi 명 머리 | 管 guǎn 동 단속하다, 관리하다

실생활에서 접할 수 있는 여러 가지 상황을 생각하며 패턴을 훈련하자!

| **상황 01** | 언제? | 이웃집과 싸우는 중 |
| | 누구에게? | 아들과 싸운 옆집 아이의 아빠에게 |

아빠 헛소리 말고, 당신 아들부터 잘 **교육하시죠**!

别胡说! 你先管好自己的儿子吧!

Bié húshuō! Nǐ xiān guǎnhǎo zìjǐ de érzi ba!

⭐ **别胡说!** [회화체] 헛소리하지 마!
Bié húshuō!

| **상황 02** | 어디서? | 회사 사무실에서 |
| | 누구에게? | 부하직원에게 |

과장 넌 먼저 오늘 일정부터 잘 세워 놔.

你先安排好今天的日程。

Nǐ xiān ānpái hǎo jīntiān de rìchéng.

| **상황 03** | 어디서? | 회사 휴게실에서 |
| | 누구에게? | 화나서 사장님을 찾아가려는 동료에게 |

동료 오늘은 가지 마! 넌 먼저 네 감정부터 잘 컨트롤 해.

今天别去! 你先控制好自己的情绪。

Jīntiān bié qù! Nǐ xiān kòngzhì hǎo zìjǐ de qíngxù.

安排 ānpái 동 안배하다 | 日程 rìchéng 명 일정, 스케줄 | 控制 kòngzhì 동 조절하다, 컨트롤하다 | 情绪 qíngxù 명 기분

10가지 활용 예문을 입에 착 붙도록 말해보자!

1 你先选好大学。　　　　　Nǐ xiān xuǎnhǎo dàxué.

2 你先做好作业。　　　　　Nǐ xiān zuòhǎo zuòyè.

3 你先打扫好房子。　　　　Nǐ xiān dǎsǎo hǎo fángzi.

4 你先调整好心情。　　　　Nǐ xiān tiáozhěng hǎo xīnqíng.

5 你先做好人生的计划。　　Nǐ xiān zuòhǎo rénshēng de jìhuà.

6 你先挑好自己喜欢的。　　Nǐ xiān tiāohǎo zìjǐ xǐhuan de.

7 你先收拾好这些东西。　　Nǐ xiān shōushi hǎo zhèxiē dōngxi.

8 你先解决好家人的问题。　Nǐ xiān jiějué hǎo jiārén de wèntí.

9 你先定好人生的目标。　　Nǐ xiān dìnghǎo rénshēng de mùbiāo.

10 你先整理好公司的要求。　Nǐ xiān zhěnglǐ hǎo gōngsī de yāoqiú.

打扫 dǎsǎo 동 청소하다 | 调整 tiáozhěng 동 조절하다 | 计划 jìhuà 명 계획 | 目标 mùbiāo 명 목표 | 整理
zhěnglǐ 동 정리하다

STEP 3의 예문을 셀로판지로 가리고 암기하자! 숙지되면 빠른 속도로 훈련하기!

		느린 속도 ▶▶ 빠른 속도
넌 먼저 대학을 잘 골라봐.	选	☐ ☐
넌 먼저 숙제부터 잘 해 놔.	作业	☐ ☐
넌 먼저 방을 잘 청소해.	打扫	☐ ☐
넌 먼저 기분을 잘 조절해.	调整	☐ ☐
넌 먼저 인생의 계획을 잘 세워봐.	计划	☐ ☐
넌 먼저 네가 좋아하는 것을 잘 골라봐.	挑	☐ ☐
넌 먼저 이것들을 잘 정리해라.	收拾	☐ ☐
넌 먼저 가족 문제부터 똑바로 해결해.	解决	☐ ☐
넌 먼저 인생의 목표를 똑바로 정해.	目标	☐ ☐
넌 먼저 회사의 요구사항을 잘 정리해라.	要求	☐ ☐

Pattern 39

◀ 패턴 39 음성 강의

先 A 后，再 B

먼저 A하고 그리고 B하다

⊘ 행동의 순서를 강조할 때 사용하는 표현입니다.

STEP 1 중국인은 실생활에서 이렇게 말한다! 🎧 39-01

중국인과 어떻게 대화할지 막막하다고? 패턴을 활용해보자!

我现在要去老板办公室。
Wǒ xiànzài yào qù lǎobǎn bàngōngshì.

你先做好心理准备后，
Nǐ xiān zuòhǎo xīnlǐ zhǔnbèi hòu,

再去找老板吧!
zài qù zhǎo lǎobǎn ba!

⭐ 做好心理准备
zuòhǎo xīnlǐ zhǔnbèi
마음의 준비를 단단히 하다

나 지금 사장님 사무실에 가야 해.

너는 먼저 마음의 준비를 단단히 하고 사장님 찾으러 가!

실생활에서 접할 수 있는 여러 가지 상황을 생각하며 패턴을 훈련하자!

	언제?	딸에게 밥을 먹이는 중
	누구에게?	놀이공원에 가고 싶다는 딸에게

아빠 우리 먼저 다 먹고 그리고 놀이공원 가자!

我们先吃完后，再去游乐场吧!
Wǒmen xiān chīwán hòu, zài qù yóulèchǎng ba!

	어디서?	회사 사무실에서
	누구에게?	정시 퇴근을 앞두고 있는 신입사원에게

대리 일단 보고서 다 쓰고 집에 가세요.

你先写完报告书后，再回家。
Nǐ xiān xiěwán bàogàoshū hòu, zài huí jiā.

	어디서?	거래 현장에서
	누구에게?	거래를 급하게 진행하는 상대 회사 직원에게

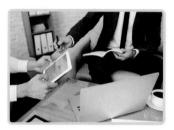

직원 일단 저에게 먼저 물건을 보여주고 그리고 계속 하시죠.

你先给我看后，再继续进行吧。
Nǐ xiān gěi wǒ kàn hòu, zài jìxù jìnxíng ba.

游乐场 yóulèchǎng 명 놀이공원 | 报告书 bàogàoshū 명 보고서

10가지 활용 예문을 입에 착 붙도록 말해보자!

1　先吃完后，再去吧。　　Xiān chīwán hòu, zài qù ba.

2　先准备后，再去参加。　　Xiān zhǔnbèi hòu, zài qù cānjiā.

3　先跟老婆汇报后，再去。　　Xiān gēn lǎopo huìbào hòu, zài qù.

4　你先休息后，再出发吧。　　Nǐ xiān xiūxi hòu, zài chūfā ba.

5　你先听完我的话后，再去吧。　　Nǐ xiān tīngwán wǒ de huà hòu, zài qù ba.

6　先仔细看后，再签合同吧。　　Xiān zǐxì kàn hòu, zài qiān hétóng ba.

7　先想好跟她说什么后，再去吧。　　Xiān xiǎnghǎo gēn tā shuō shénme hòu, zài qù ba.

8　你先确定目标后，再去选择专业。　　Nǐ xiān quèdìng mùbiāo hòu, zài qù xuǎnzé zhuānyè.

9　你先跟男朋友分手后，再去表白吧。　　Nǐ xiān gēn nán péngyou fēnshǒu hòu, zài qù biǎobái ba.

10　先调查好那儿的天气后，再去旅游吧。　　Xiān diàochá hǎo nàr de tiānqì hòu, zài qù lǚyóu ba.

仔细 zǐxì 형 자세하다 | 签 qiān 동 사인하다 | 合同 hétóng 명 계약서 | 确定 quèdìng 동 확정하다 | 选择 xuǎnzé 동 선택하다 | 专业 zhuānyè 명 전공, 학과 | 表白 biǎobái 동 고백하다

STEP 3의 예문을 셀로판지로 가리고 암기하자! 숙지되면 빠른 속도로 훈련하기!

		느린 속도 ▶▶ 빠른 속도
먼저 다 먹고 그리고 가자.	吃	☐ ☐
먼저 준비를 잘하고 참가하세요.	参加	☐ ☐
먼저 아내에게 보고하고 가자.	汇报	☐ ☐
넌 먼저 쉬었다가 그리고 출발해.	休息	☐ ☐
넌 먼저 내 말을 다 듣고 가.	听话	☐ ☐
먼저 자세히 보고 그리고 계약서에 사인하세요.	仔细	☐ ☐
먼저 그녀에게 뭐라고 말할지 잘 생각하고 가.	想好	☐ ☐
넌 먼저 목표를 정하고 그리고 전공을 선택해.	确定	☐ ☐
넌 일단 남친이랑 먼저 헤어지고 그리고 가서 고백해.	分手	☐ ☐
먼저 그곳 날씨를 잘 조사하고 여행가자.	调查	☐ ☐

Pattern 40

差点儿…

하마터면 ~할 뻔했네

✓ 아슬아슬하게 나쁜 상황을 면했을 때 사용하는 표현입니다.

STEP 1 중국인은 실생활에서 이렇게 말한다! 🎧 40-01

중국인과 어떻게 대화할지 막막하다고? 패턴을 활용해보자!

工作实在是太忙了,
Gōngzuò shízài shì tài máng le,

差点儿忘了, 生日快乐!
chàdiǎnr wàng le, shēngrì kuàilè!

忘了也不怪你!
Wàng le yě bú guài nǐ!

不过…, 没有别的吗?
Búguò…, méiyǒu biéde ma?

✷ 不怪你!
Bú guài nǐ!
[회화체] 네 탓하지 않아!

일이 정말 바빠서 하마터면 잊어버릴 뻔했네. 생일 축하해!

잊어버려도 탓하지 않아! 근데… 다른 건 뭐 없어?

不过 búguò 접 그런데 | 怪 guài 동 탓하다

실생활에서 접할 수 있는 여러 가지 상황을 생각하며 패턴을 훈련하자!

상황 01	언제?	회의가 끝난 후
	누구에게?	동료에게

동료 이번 프로젝트 하마터면 실패할 뻔했어.

这次项目差点儿失败了。
Zhè cì xiàngmù chàdiǎnr shībài le.

상황 02	언제?	엄마 생일 당일
	누구에게?	엄마 생일을 알려준 형에게

동생 형이 알려줘서 다행이야. 하마터면 잊어버릴 뻔했네.

幸亏哥告诉我，我差点儿忘了。
Xìngkuī gē gàosu wǒ, wǒ chàdiǎnr wàng le.

상황 03	어디서?	상점에서
	누구에게?	지갑을 주워다 준 점원에게

손님 정말 감사해요! 하마터면 잃어버릴 뻔했네요.

真的感谢您! 差点儿弄丢了。
Zhēn de gǎnxiè nín! Chàdiǎnr nòngdiū le.

项目 xiàngmù 몡 프로젝트 | 失败 shībài 동 실패하다 | 幸亏 xìngkuī 뷔 다행히 | 感谢 gǎnxiè 동 감사하다 |
弄丢 nòngdiū 동 잃어버리다, 분실하다

10가지 활용 예문을 입에 착 붙도록 말해보자!

1 差点儿死了。 Chàdiǎnr sǐ le.

2 差点儿买到。 Chàdiǎnr mǎidào.

3 差点儿迟到了。 Chàdiǎnr chídào le.

4 差点儿没看到。 Chàdiǎnr méi kàndào.

5 差点儿跟她在一起了。 Chàdiǎnr gēn tā zài yìqǐ le.

6 差点儿没拿到奖学金。 Chàdiǎnr méi nádào jiǎngxuéjīn.

7 我差点儿错过机会了。 Wǒ chàdiǎnr cuòguo jīhuì le.

8 速度太快，差点儿撞人了。 Sùdù tài kuài, chàdiǎnr zhuàng rén le.

9 当年韩国经济不好，
公司差点儿关门了。 Dāngnián Hánguó jīngjì bù hǎo,
gōngsī chàdiǎnr guānmén le.

10 当时很多人都不支持，
我差点儿没成功。 Dāngshí hěn duō rén dōu bù zhīchí,
wǒ chàdiǎnr méi chénggōng.

奖学金 jiǎngxuéjīn 명 장학금 | 错过 cuòguò 동 놓치다 | 撞人 zhuàng rén 사람을 치다 | 经济 jīngjì 명 경제 |
关门 guānmén 동 문을 닫다, 폐업하다 | 支持 zhīchí 동 지지하다

STEP 3의 예문을 셀로판지로 가리고 암기하자! 숙지되면 빠른 속도로 훈련하기!

		느린 속도 ▶▶ 빠른 속도
하마터면 죽을 뻔했어.	死	☐　☐
하마터면 구매할 뻔했어.	买	☐　☐
하마터면 지각할 뻔했네.	迟到	☐　☐
하마터면 못 볼 뻔했어.	看	☐　☐
하마터면 그녀와 사귈 뻔했지.	在一起	☐　☐
하마터면 장학금을 못 받을 뻔했어.	奖学金	☐　☐
나는 하마터면 이 기회를 놓칠 뻔했어.	机会	☐　☐
속도가 너무 빨라서 하마터면 사람을 칠 뻔했어.	撞人	☐　☐
그 해에 한국 경제가 나빠서 회사는 하마터면 문 닫을 뻔했지.	关门	☐　☐
그 당시에 많은 사람들이 지지해주지 않아서 하마터면 성공하지 못할 뻔했지.	成功	☐　☐

31

我再也不…了

나는 다시는 ~하지 않을 거야

- ✓ 난 더 이상 **포기하지** 않을 거야.
- ✓ 전 다시는 **지각하지** 않겠습니다.
- ✓ 난 다시는 **야근하지** 않겠어.

32

의문대명사 + 都不(/没有)…

~도 ~하지 않아(/않았어)

- ✓ 나는 아무데도 안 **가**.
- ✓ 나는 아무것도 안 **봤어**.
- ✓ 그는 매일 집에서 아무것도 안 **한다**.

40

差点儿…

하마터면 ~할 뻔했네

- ✓ 하마터면 **죽을** 뻔했어.
- ✓ 하마터면 **지각할** 뻔했네.
- ✓ 나는 하마터면 **이 기회를 놓칠** 뻔했어.

Pattern 31~40

39

先 A 后, 再 B

먼저 A하고 그리고 B하다

- ✓ 먼저 **다 먹고** 그리고 **가자**.
- ✓ 넌 먼저 **내 말을 다 듣고** 가.
- ✓ 먼저 **그녀에게 뭐라고 말할지** 잘 생각하고 가.

38

你先…好

너는 우선 잘 ~해

- ✓ 넌 먼저 **방을** 잘 **청소해**.
- ✓ 넌 먼저 **인생의 계획을** 잘 **세워봐**.
- ✓ 넌 먼저 **이것들을** 잘 **정리해라**.

33

我估计···

내 생각에는 ~일 거야

- 내 생각엔 **부족할** 것 같아.
- 내일 아마 비가 올 것 같은데.
- 모레는 아마 가능할 것 같아.

34

没必要···

~할 필요가 없어

- 올 필요 없어!
- 너 이렇게 화낼 필요까지는 없잖아!
- 너는 나에게 변명할 필요 없어!

내 문장으로 만들기!

35

并不是···

결코 ~가 아니야

- 그는 결코 내 친구가 아니야.
- 그는 결코 내가 좋아하는 스타일이 아니야.
- 이건 결코 내가 원하는 결과가 아니야.

37

如果···那该(有)多好啊!

~하면 그럼 얼마나 좋을까!

- 내일 가면 얼마나 좋을까!
- 나도 연예인이면 얼마나 좋을까!
- 오늘이 토요일이면 얼마나 좋을까!

36

该···了

~의 차례야/~할 때가 됐어

- 이제 내 차례야.
- 나는 차를 바꿀 때가 됐어.
- 너는 결혼할 때가 됐지?

Pattern 41~50

Pattern 41

◀ 패턴 41 음성 강의

是 A 先 … 的

A가 먼저 ~한 거야

✅ 어떤 행위를 누군가가 먼저 했다는 것을 강조하는 표현입니다.

STEP 1 **중국인은 실생활에서 이렇게 말한다!** 🎧 41-01

중국인과 어떻게 대화할지 막막하다고? 패턴을 활용해보자!

你们俩为什么吵架呢?
Nǐmen liǎ wèi shénme chǎojià ne?

发生什么事了?
Fāshēng shénme shì le?

是我先来的,
Shì wǒ xiān lái de,

但他要插队!
dàn tā yào chāduì!

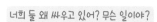

너희 둘 왜 싸우고 있어? 무슨 일이야?　　제가 먼저 왔는데 얘가 새치기를 하려고 해요!

吵架 chǎojià 통 다투다, 말다툼하다 | 插队 chāduì 통 새치기하다

실생활에서 접할 수 있는 여러 가지 상황을 생각하며 패턴을 훈련하자!

상황 01	언제?	교통사고가 일어난 후에
	누구에게?	경찰에게

피해 차주 저 사람은 거짓말하고 있어요. 저 사람이 먼저 친 거라고요!

他在撒谎，是他先撞的！
Tā zài sāhuǎng, shì tā xiān zhuàng de!

상황 02	언제?	결혼 발표 중
	누구에게?	궁금한 게 많은 친구들에게

신랑 내 여친이 먼저 나한테 고백한 거야.

是我女朋友先跟我表白的。
Shì wǒ nǚ péngyou xiān gēn wǒ biǎobái de.

상황 03	어디서?	빈 공간이 거의 없는 주차장에서
	누구에게?	상대 차량 기사에게

기사 비켜주세요! 제 차가 먼저 왔다고요.

请您让一下！是我的车先来的。
Qǐng nín ràng yíxià! Shì wǒ de chē xiān lái de.

✦ 让一下。 비켜주세요.
Ràng yíxià.

撒谎 sāhuǎng 동 거짓말하다 ｜ 撞 zhuàng 동 부딪치다 ｜ 表白 biǎobái 동 (의사·생각 등을) 표명하다, 고백하다

10가지 활용 예문을 입에 착 붙도록 말해보자!

1 是我先看的。 　　　　　　Shì wǒ xiān kàn de.

2 是我先到的。 　　　　　　Shì wǒ xiān dào de.

3 是我先听到的。 　　　　　Shì wǒ xiān tīngdào de.

4 是我先买到的。 　　　　　Shì wǒ xiān mǎidào de.

5 是你先骗的! 　　　　　　Shì nǐ xiān piàn de!

6 是那个人先打的! 　　　　Shì nàge rén xiān dǎ de!

7 是我先预订的。 　　　　　Shì wǒ xiān yùdìng de.

8 是他先偷偷吃的。 　　　　Shì tā xiān tōutōu chī de.

9 是男朋友先跟我说的。 　　Shì nán péngyou xiān gēn wǒ shuō de.

10 合同呢，是公司先随便改的! 　Hétóng ne, shì gōngsī xiān suíbiàn gǎi de!

预订 yùdìng 동 예약하다 | 偷偷 tōutōu 부 몰래 | ✄ …呢! ~는 말야! (예: 我呢! 나는 말야!) | 随便 suíbiàn
동 마음대로 하다

STEP 3의 예문을 셀로판지로 가리고 암기하자! 숙지되면 빠른 속도로 훈련하기!

		느린 속도 ≫ 빠른 속도

내가 먼저 봤어.　　看　　□　□

내가 먼저 도착했어.　　到　　□　□

내가 먼저 들었어.　　听　　□　□

내가 먼저 산 거야.　　买　　□　□

네가 먼저 속인 거잖아!　　骗　　□　□

쟤가 먼저 때린 거야!　　打　　□　□

내가 먼저 예약한 거야.　　预订　　□　□

그가 먼저 몰래 먹은 거야.　　偷偷　　□　□

남친이 먼저 나에게 말한 거야.　　跟我　　□　□

계약서는 회사가 먼저 마음대로 고친 거라고요!　　随便　　□　□

Pattern 42

◀ 패턴 42 음성 강의

··· 不就行了吗?

~하면 되는 거 아니야? / ~하면 되잖아!

✓ 시원스럽게 해결책을 제시할 때 사용하는 표현입니다.

STEP 1 중국인은 실생활에서 이렇게 말한다! 🎧 42-01

중국인과 어떻게 대화할지 막막하다고? 패턴을 활용해보자!

我怎么能整理完
Wǒ zěnme néng zhěnglǐ wán
这么多材料呢?
zhème duō cáiliào ne?

有我在! 我帮你
Yǒu wǒ zài! Wǒ bāng nǐ
不就行了吗?
bú jiù xíng le ma?

🌟 有我在! [회화체] 내가 있잖아!
예 有爸爸在!
Yǒu bàba zài!
你什么都别担心!
Nǐ shénme dōu bié dānxīn!
아빠가 있잖아! 넌 아무것도 걱정 마!

내가 이렇게 많은 자료를 어떻게 다 정리해?   내가 있잖아! 내가 도와주면 되는 거 아니야?

材料 cáiliào 명 자료

실생활에서 접할 수 있는 여러 가지 상황을 생각하며 패턴을 훈련하자!

상황 01	어디서?	상점에서
	누구에게?	화내는 주인에게

다른 고객

화를 왜 내요? 제가 여자분 대신(도와서) 돈 내면 되잖아요!

凶什么呀? 我帮她付钱不就行了吗?

Xiōng shénme ya? Wǒ bāng tā fùqián bú jiù xíng le ma?

상황 02	어디서?	회사에서
	누구에게?	스카우트 제의를 받은 동료에게

쿨한 동료

뭘 고민해? 이직하면 되잖아!

纠结什么呀? 跳槽不就行了吗?

Jiūjié shénme ya? Tiàocáo bú jiù xíng le ma?

상황 03	어디서?	집안에서
	누구에게?	무슨 음식을 만들지 고민하는 엄마에게

아들

뭘 걱정해요? 배달 시키면 되잖아요!

担心什么呀? 叫外卖不就行了吗?

Dānxīn shénme ya? Jiào wàimài bú jiù xíng le ma?

付钱 fùqián 통 돈을 지불하다 | 纠结 jiūjié 통 고민하다 | 跳槽 tiàocáo 통 이직하다, 직장을 옮기다 | 叫外卖 jiào wàimài 음식을 배달시키다

10가지 활용 예문을 입에 착 붙도록 말해보자!

1 我吃不就行了吗?   Wǒ chī bú jiù xíng le ma?

2 我不去不就行了吗?   Wǒ bú qù bú jiù xíng le ma?

3 我现在看不就行了吗?   Wǒ xiànzài kàn bú jiù xíng le ma?

4 我先道歉不就行了吗?   Wǒ xiān dàoqiàn bú jiù xíng le ma?

5 你明天亲自去不就行了吗?   Nǐ míngtiān qīnzì qù bú jiù xíng le ma?

6 用我的手机打不就行了吗?   Yòng wǒ de shǒujī dǎ bú jiù xíng le ma?

7 我跟你一起去不就行了吗?   Wǒ gēn nǐ yìqǐ qù bú jiù xíng le ma?

8 我打包回家不就行了吗?   Wǒ dǎbāo huí jiā bú jiù xíng le ma?

9 我借给你钱不就行了吗?   Wǒ jiè gěi nǐ qián bú jiù xíng le ma?

10 你去打听一下不就行了吗?   Nǐ qù dǎting yíxià bú jiù xíng le ma?

打包 dǎbāo 통 포장하다 | ✤ 借给A A에게 빌려주다 (예: 借给我一千块钱。 나에게 천 원을 빌려줘.) |
打听 dǎting 통 물어보다

STEP 3의 예문을 셀로판지로 가리고 암기하자! 숙지되면 빠른 속도로 훈련하기!

		느린 속도 ≫ 빠른 속도
내가 먹으면 되잖아!	吃	☐ ☐
내가 안 가면 되는 거 아니야?	不去	☐ ☐
내가 지금 보면 되는 거 아니야?	现在	☐ ☐
내가 먼저 사과하면 되는 거 아니야?	道歉	☐ ☐
네가 내일 직접 가보면 되잖아!	亲自	☐ ☐
내 휴대전화로 전화하면 되잖아!	用	☐ ☐
내가 너랑 같이 가면 되는 거 아니야?	一起	☐ ☐
내가 (음식을) 포장해서 집에 가면 되잖아!	打包	☐ ☐
내가 너에게 돈을 빌려주면 되잖아!	借	☐ ☐
네가 가서 한번 물어보면 되는 거 아니야?	打听	☐ ☐

Pattern 43

◀ 패턴 43 음성 강의

对(于) A 来说

A의 입장에서는 / A에게는

✅ 어떤 현상 혹은 사물 등이 입장에 따라 다름을 표현할 때 사용합니다.

STEP 1 **중국인은 실생활에서 이렇게 말한다!** 🎧 43-01

중국인과 어떻게 대화할지 막막하다고? 패턴을 활용해보자!

哭什么呀? 我给你买
Kū shénme ya? Wǒ gěi nǐ mǎi

不就行了吗?
bú jiù xíng le ma?

这手机对于我来说
Zhè shǒujī duìyú wǒ lái shuō

是很有意义的东西!
shì hěn yǒu yìyì de dōngxi!

✦ 很有 + 명사 매우 N가 있다
예 很有水平的书 매우 수준있는 책
hěn yǒu shuǐpíng de shū

울긴 뭘 울어? 내가 사주면 되는 거 아니야?

이 핸드폰은 나에게 매우 의미 있는 물건이라고!

意义 yìyì 명 의미

실생활에서 접할 수 있는 여러 가지 상황을 생각하며 패턴을 훈련하자!

| 상황 01 | 어디서? | 회사에서 |
| | 누구에게? | 협상하러 가는 직원에게 |

부장 이번 만남은 회사에 있어서 매우 중요해요.

这次见面对于公司来说确实很重要。
Zhè cì jiànmiàn duìyú gōngsī lái shuō quèshí hěn zhòngyào.

| 상황 02 | 언제? | 친구와 대화 중 |
| | 누구에게? | 돈을 빌려달라는 친구에게 |

친구 미안해! 이건 나에게 작은 액수가 아니라서….

对不起! 这对我来说不是小数目…。
Duìbuqǐ! Zhè duì wǒ lái shuō bú shì xiǎo shùmù….

| 상황 03 | 언제? | 거래 업체와의 대화 중 |
| | 누구에게? | 책임을 회피하려는 상대방에게 |

직원 당신은 계속 이게 작은 일이라고 하는데,

你一直说这是小事,
Nǐ yìzhí shuō zhè shì xiǎo shì,

우리 회사 입장에서는 큰 일이라고요.

但对我们公司来说是大事。
dàn duì wǒmen gōngsī lái shuō shì dà shì.

确实 quèshí 🖳 확실히, 정말로 | 数目 shùmù 🖳 숫자, 금액 | 一直 yìzhí 🖳 줄곧, 계속

10가지 활용 예문을 입에 착 붙도록 말해보자!

1 对我来说很难。 　　Duì wǒ lái shuō hěn nán.

2 对于他来说很简单。 　　Duìyú tā lái shuō hěn jiǎndān.

3 对于孩子们来说很过分。 　　Duìyú háizimen lái shuō hěn guòfèn.

4 对公司来说一点儿都不难。 　　Duì gōngsī lái shuō yìdiǎnr dōu bù nán.

5 这笔钱，对我来说很多。 　　Zhè bǐ qián, duì wǒ lái shuō hěn duō.

6 汉语对于我来说是很难的语言。 　　Hànyǔ duìyú wǒ lái shuō shì hěn nán de yǔyán.

7 这对我来说并不是很难的问题。 　　Zhè duì wǒ lái shuō bìng bú shì hěn nán de wèntí.

8 这样的结果，对于我来说不能接受。 　　Zhèyàng de jiéguǒ, duìyú wǒ lái shuō bù néng jiēshòu.

9 这次结果，对他来说很不公平。 　　Zhè cì jiéguǒ, duì tā lái shuō hěn bù gōngpíng.

10 这次比赛，对于我们来说是一种机会。 　　Zhè cì bǐsài, duìyú wǒmen lái shuō shì yì zhǒng jīhuì.

过分 guòfèn 형 심하다 | 笔 bǐ 양 돈을 세는 단위 | 语言 yǔyán 명 언어 | 并不是 bìng bú shì 결코 ～아니다 |
接受 jiēshòu 동 받아들이다 | 公平 gōngpíng 형 공평하다 | 比赛 bǐsài 명 시합

STEP 3의 예문을 셀로판지로 가리고 암기하자! 숙지되면 빠른 속도로 훈련하기!

		느린 속도 ›› 빠른 속도
내 입장에서는 매우 어려워.	难	☐ ☐
그의 입장에서는 매우 간단해.	简单	☐ ☐
아이들에게 있어서는 너무 심해.	过分	☐ ☐
회사 입장에서는 조금도 어렵지 않다.	一点儿	☐ ☐
이 돈은 내 입장에서 매우 많아.	多	☐ ☐
중국어는 내 입장에선 매우 어려운 언어야.	语言	☐ ☐
이건 나에게는 결코 어려운 문제가 아니야.	并不是	☐ ☐
이런 결과는 내 입장에서는 받아들일 수 없어.	接受	☐ ☐
이번 결과는 그의 입장에서 보면 매우 불공평한 거야.	不公平	☐ ☐
이번 시합은 우리 입장에서 보면 역시 일종의 기회야.	机会	☐ ☐

Pattern 44

只要…就可以了

~하기만 하면 돼

✓ 최소한의 조건을 제시할 때 사용하는 표현입니다.

STEP 1 중국인은 실생활에서 이렇게 말한다! 🎧 44-01

중국인과 어떻게 대화할지 막막하다고? 패턴을 활용해보자!

我刚来中国，周围
Wǒ gāng lái Zhōngguó, zhōuwéi
没有朋友，怎么办?
méiyǒu péngyou, zěnme bàn?

甭担心! 只要你一个人
Béng dānxīn! Zhǐyào nǐ yí ge rén
过来就可以了!
guòlái jiù kěyǐ le!

중국에 막 와서 주위에 친구가 없는데 어쩌지?　　걱정 마! 너 혼자라도 오기만 하면 돼!

周围 zhōuwéi 명 주위 | 甭 béng 부 ~하지 마라, ~할 필요 없다

실생활에서 접할 수 있는 여러 가지 상황을 생각하며 패턴을 훈련하자!

상황 01	어디서?	회사에서
	누구에게?	신입사원에게

부장 고객님 모시고 마트에 가기만 하면 돼.

只要陪客户去超市就可以了。

Zhǐyào péi kèhù qù chāoshì jiù kěyǐ le.

상황 02	어디서?	병원 진료실에서
	누구에게?	환자에게

의사 일단 집에 가셔서 정해진 시간에 약을 복용하시기만 하면 돼요.

先回家只要按时吃药就可以了。

Xiān huí jiā zhǐyào ànshí chī yào jiù kěyǐ le.

상황 03	언제?	거래 업체와의 대화 중
	무엇을 하며?	요구사항을 제시하며

타사 직원 다른 건 상관없고요,

别的都无所谓,

Biéde dōu wúsuǒwèi,

큰 회의실만 있으면 됩니다.

只要有大会议室就可以了。

zhǐyào yǒu dà huìyìshì jiù kěyǐ le.

超市 chāoshì 명 슈퍼마켓, 마트 (= 超级市场) | 按时 ànshí 부 제때에 | 无所谓 wúsuǒwèi 동 상관없다 |
会议室 huìyìshì 명 회의실

10가지 활용 예문을 입에 착 붙도록 말해보자!

1 只要看就可以了。

Zhǐyào kàn jiù kěyǐ le.

2 只要努力就可以了。

Zhǐyào nǔlì jiù kěyǐ le.

3 只要你喜欢就可以了。

Zhǐyào nǐ xǐhuan jiù kěyǐ le.

4 只要你过来付钱就可以了。

Zhǐyào nǐ guòlái fùqián jiù kěyǐ le.

5 只要取得HSK5级就可以了。

Zhǐyào qǔdé HSK wǔ jí jiù kěyǐ le.

6 只要你准时来就可以了！

Zhǐyào nǐ zhǔnshí lái jiù kěyǐ le!

7 只要你跟我一起去就可以了。

Zhǐyào nǐ gēn wǒ yìqǐ qù jiù kěyǐ le.

8 只要你跟他好好儿相处就可以了。

Zhǐyào nǐ gēn tā hǎohāor xiāngchǔ jiù kěyǐ le.

9 只要你每天锻炼一个小时就可以了。

Zhǐyào nǐ měitiān duànliàn yí ge xiǎoshí jiù kěyǐ le.

10 你什么都别说，只要好好儿听就可以了。

Nǐ shénme dōu bié shuō, zhǐyào hǎohāor tīng jiù kěyǐ le.

取得 qǔdé 동 취득하다, 얻다 ㅣ 准时 zhǔnshí 부 제때에 ㅣ 相处 xiāngchǔ 동 서로 지내다 ㅣ 锻炼 duànliàn 동 단련하다

*STEP 3*의 예문을 셀로판지로 가리고 암기하자! 숙지되면 빠른 속도로 훈련하기!

		느린 속도 ≫ 빠른 속도

보기만 하면 돼.   看   ☐   ☐

노력하기만 하면 돼.   努力   ☐   ☐

네가 좋아하기만 하면 돼.   喜欢   ☐   ☐

너는 와서 돈 내기만 하면 돼.   付钱   ☐   ☐

HSK5급을 따기만 하면 돼.   取得   ☐   ☐

너는 제때 와주기만 하면 돼!   准时   ☐   ☐

네가 나랑 같이 가주기만 하면 돼.   一起去   ☐   ☐

네가 걔랑 잘 지내주기만 하면 돼.   相处   ☐   ☐

넌 매일 1시간씩 운동을 하기만 하면 돼.   锻炼   ☐   ☐

너는 아무 말도 하지 말고 똑바로 듣기만 하면 돼.   好好儿   ☐   ☐

◀ 패턴 45 음성 강의

只有 A 才能 B

A해야만 비로소 B할 수 있다

✅ 어떤 일을 이루기 위한 유일한 조건을 말할 때 사용합니다.

STEP 1 **중국인은 실생활에서 이렇게 말한다!** 🎧 45-01

중국인과 어떻게 대화할지 막막하다고? 패턴을 활용해보자!

我怎样才能
Wǒ zěnyàng cái néng
顺利地毕业呢?
shùnlì de bìyè ne?

你只有拿到HSK6级才能
Nǐ zhǐyǒu nádào HSK liù jí cái néng
毕业，谁也不例外。
bìyè, shéi yě bú lìwài.

✴ 谁也不例外
shéi yě bú lìwài
[회화체] 누구도 예외는 아니다

제가 어떻게 해야 순조롭게 졸업할 수 있을까요? 너는 HSK 6급을 따야만 비로소 졸업할 수 있어. 누구도 예외가 없어.

顺利 shùnlì 형 순조롭다 | 例外 lìwài 동 예외이다

실생활에서 접할 수 있는 여러 가지 상황을 생각하며 패턴을 훈련하자!

| 상황 01 | 어디서? | 협상 테이블에서 |
| | 누구에게? | 상대 회사 직원에게 |

직원 귀사는 가격을 낮추어야만 우리와 협력할 수 있습니다.

贵公司只有降低价格才能跟我们合作。
Guì gōngsī zhǐyǒu jiàngdī jiàgé cái néng gēn wǒmen hézuò.

| 상황 02 | 어디서? | 병원에서 |
| | 누구에게? | 수술을 거부하는 환자에게 |

의사 수술을 받아야만 회복할 수 있습니다.

你只有接受手术才能恢复过来。
Nǐ zhǐyǒu jiēshòu shǒushù cái néng huīfù guòlái.

| 상황 03 | 언제? | 친구와 대화 중 |
| | 누구에게? | 고민하는 친구에게 |

회원 너는 가서 사과해야만 계속 그와 친구를 할 수 있어.

你只有去道歉才能跟他继续做朋友。
Nǐ zhǐyǒu qù dàoqiàn cái néng gēn tā jìxù zuò péngyou.

贵 guì 형 귀, 귀하 | 降低 jiàngdī 동 낮추다 | 手术 shǒushù 명 수술 | 恢复 huīfù 동 회복하다 | 做朋友 zuò péngyou 친구가 되다

10가지 활용 예문을 입에 착 붙도록 말해보자!

1 你只有努力才能成功。

Nǐ zhǐyǒu nǔlì cái néng chénggōng.

2 你只有吃饭才能活着。

Nǐ zhǐyǒu chīfàn cái néng huózhe.

3 你只有做完作业才能睡觉。

Nǐ zhǐyǒu zuòwán zuòyè cái néng shuìjiào.

4 你只有早点儿回来才能见到我。

Nǐ zhǐyǒu zǎo diǎnr huílái cái néng jiàndào wǒ.

5 你只有解决这个问题才能下班。

Nǐ zhǐyǒu jiějué zhège wèntí cái néng xiàbān.

6 你只有跟我在一起才能幸福。

Nǐ zhǐyǒu gēn wǒ zài yìqǐ cái néng xìngfú.

7 你只有按时吃饭才能恢复健康。

Nǐ zhǐyǒu ànshí chīfàn cái néng huīfù jiànkāng.

8 你只有学习五个小时以上才能考上。

Nǐ zhǐyǒu xuéxí wǔ ge xiǎoshí yǐshàng cái néng kǎoshàng.

9 你只有看新闻才能了解到世界的变化。

Nǐ zhǐyǒu kàn xīnwén cái néng liǎojiě dào shìjiè de biànhuà.

10 你只有多看汉语书才能提高阅读能力。

Nǐ zhǐyǒu duō kàn Hànyǔ shū cái néng tígāo yuèdú nénglì.

新闻 xīnwén 명 뉴스 | 变化 biànhuà 명 변화 | 阅读 yuèdú 동 읽다

STEP 3의 예문을 셀로판지로 가리고 암기하자! 숙지되면 빠른 속도로 훈련하기!

		느린 속도 ▶▶ 빠른 속도
너는 노력해야만 성공할 수 있어.	成功	☐ ☐
너는 밥을 먹어야만 살 수 있어.	活着	☐ ☐
너는 숙제를 다 해야 잘 수 있어.	做完	☐ ☐
너는 일찍 돌아와야만 나를 만날 수 있어.	回来	☐ ☐
당신은 이 문제를 해결해야 퇴근할 수 있어요.	解决	☐ ☐
너는 나랑 함께 있어야 행복할 수 있어.	幸福	☐ ☐
당신은 제때 밥을 먹어야만 건강을 회복할 수 있어요.	恢复	☐ ☐
너는 5시간 이상 공부해야만 합격할 수 있어.	考上	☐ ☐
너는 뉴스를 봐야만 세상의 변화를 알 수 있어.	新闻	☐ ☐
너는 중국어 책을 많이 봐야만 비로소 독해 실력을 향상시킬 수 있어.	阅读	☐ ☐

◀ 패턴 46 음성 강의

동사 + 得 + 정도보어

Ⅴ한 정도가 ~하다

✓ 어떤 행동의 정도를 나타낼 때 사용하는 표현입니다.
동사 뒤에 목적어가 있는 경우에는 동사를 목적어 뒤에 한 번 더 중복해서 써요!

STEP 1 중국인은 실생활에서 이렇게 말한다! 🎧 46-01

중국인과 어떻게 대화할지 막막하다고? 패턴을 활용해보자!

他唱了一首歌，唱歌
Tā chàng le yì shǒu gē, chàng gē
唱得太棒了，所以我…。
chàng de tài bàng le, suǒyǐ wǒ ….

你到底是什么时候
Nǐ dàodǐ shì shénme shíhou
跟他表白的?
gēn tā biǎobái de?

너는 도대체 언제 그에게 고백한 거야?

걔가 노래를 한 곡 불렀는데 노래가 정말 대박이더라고, 그래서 나는….

首 shǒu 양 시·노래를 세는 단위 | 棒 bàng 형 훌륭하다, 뛰어나다

실생활에서 접할 수 있는 여러 가지 상황을 생각하며 패턴을 훈련하자!

상황 01	언제?	소개팅을 마친 후(1)
	누구에게?	어땠냐고 묻는 친구에게

소개팅男 말도 마! 걔는 말이 너무 많아!

别提了! 她说话说得太多了!
Bié tí le! Tā shuōhuà shuō de tài duō le!

❄️ **别提了!**
Bié tí le!
[회화체] 말도 마라! [불만 섞인 말투]

상황 02	언제?	소개팅을 마친 후(2)
	누구에게?	어땠냐고 묻는 친구에게

소개팅女 말도 마! 걔는 생긴 게 너무 그래!

别提了! 他长得太那个了!
Bié tí le! Tā zhǎng de tài nàge le!

❄️ **太那个了!**
Tài nàge le!
[회화체] 너무 그래! 너무 별로야! [불만 섞인 말투]

상황 03	언제?	외국인 관광객이 중국인에게 길을 물을 때
	누구에게?	중국인에게

행인 당신은 말씀이 너무 빠른데,

您说得实在是太快了,
Nín shuō de shízài shì tài kuài le,

조금만 천천히 말씀해 주시겠어요?

您说话能不能再慢一点儿?
nín shuōhuà néng bù néng zài màn yìdiǎnr?

10가지 활용 예문을 입에 착 붙도록 말해보자!

1 说得有点儿快。 Shuō de yǒudiǎnr kuài.

2 吃饭吃得太快了。 Chīfàn chī de tài kuài le.

3 他开车开得太慢了。 Tā kāichē kāi de tài màn le.

4 他做事做得很认真。 Tā zuò shì zuò de hěn rènzhēn.

5 你写字别写得那么快了。 Nǐ xiězì bié xiě de nàme kuài le.

6 你不要说得太直接了。 Nǐ búyào shuō de tài zhíjiē le.

7 你别想得那么复杂了。 Nǐ bié xiǎng de nàme fùzá le.

8 合同上写得清清楚楚。 Hétóng shang xiě de qīngqīng chǔchǔ.

9 我昨天跟他聊得挺开心。 Wǒ zuótiān gēn tā liáo de tǐng kāixīn.

10 他在北京过日子过得很幸福。 Tā zài Běijīng guò rìzi guò de hěn xìngfú.

认真 rènzhēn 형 착실하다 | 直接 zhíjiē 형 직접적인, 다이렉트 | 清清楚楚 qīngqīng chǔchǔ 매우 정확하다 |
过日子 guò rìzi 날을 보내다, 생활하다

STEP 3의 예문을 셀로판지로 가리고 암기하자! 숙지되면 빠른 속도로 훈련하기!

		느린 속도 ›› 빠른 속도
말하는 게 조금 빨라.	有点儿	☐ ☐
밥을 너무 빨리 먹어.	快	☐ ☐
그는 차를 너무 느리게 운전해.	慢	☐ ☐
걔는 일을 정말 열심히 해.	认真	☐ ☐
너 글씨를 너무 빨리 쓰지 마.	那么	☐ ☐
너 너무 말을 직설적으로 하지 마.	直接	☐ ☐
너는 그렇게 복잡하게 생각하지 마.	复杂	☐ ☐
계약서상에 아주 명확하게 쓰여있어요.	清清楚楚	☐ ☐
난 어제 걔랑 아주 즐겁게 대화했어.	开心	☐ ☐
그는 베이징에서 아주 행복하게 지내.	幸福	☐ ☐

Pattern 47

你要是想 A，那一定要 B
너는 A하고 싶으면 그럼 반드시 B해야 돼

✅ 어떤 목표를 이루기 위해서는 조건이 필요함을 표현할 때 사용합니다.

STEP 1 **중국인은 실생활에서 이렇게 말한다!** 🎧 47-01

중국인과 어떻게 대화할지 막막하다고? 패턴을 활용해보자!

你要是想进入公司，
Nǐ yàoshi xiǎng jìnrù gōngsī,
那一定要有一些能力。
nà yídìng yào yǒu yìxiē nénglì.

快告诉我吧!
Kuài gàosu wǒ ba!
都需要什么能力?
Dōu xūyào shénme nénglì?

너 입사하고 싶으면 그럼 반드시 약간의 능력이 있어야 해.

얼른 알려주세요! 어떤 능력들이 필요한가요?

进入 jìnrù 통 들어가다, 진입하다 | 需要 xūyào 통 필요로 하다

실생활에서 접할 수 있는 여러 가지 상황을 생각하며 패턴을 훈련하자!

상황 01	언제?	창업 상담 중
	누구에게?	창업 희망자에게

상담
직원 회사를 열고 싶다면

你要是想开公司,
Nǐ yàoshi xiǎng kāi gōngsī,

그럼 반드시 좋은 아이템이 있어야 해요.

那一定要有很好的项目。
nà yídìng yào yǒu hěn hǎo de xiàngmù.

상황 02	언제?	입시 상담 중
	누구에게?	수험생에게

상담
교사 너 이 대학교에 합격하고 싶다면

你要是想考上这所大学,
Nǐ yàoshi xiǎng kǎoshàng zhè suǒ dàxué,

그럼 반드시 HSK 6급을 따야 해.

那一定要拿到HSK6级。
nà yídìng yào nádào HSK liù jí.

상황 03	언제?	부동산 매매 상담 중
	누구에게?	매매 희망자에게

중개
업자 집을 구입하시려면

你要是想买房子,
Nǐ yàoshi xiǎng mǎi fángzi,

반드시 이 조건들이 맞아야 합니다.

那一定要符合这些条件。
nà yídìng yào fúhé zhèxiē tiáojiàn.

开 kāi 통 개업하다 | 项目 xiàngmù 명 아이템, 항목 | 考上 kǎoshàng 합격하다 | 所 suǒ 양 곳 [병원·학교 등을 세는 단위] | 符合 fúhé 통 부합하다 | 条件 tiáojiàn 명 조건

10가지 활용 예문을 입에 착 붙도록 말해보자!

1 你要是想成功，
那一定要学习。

Nǐ yàoshi xiǎng chénggōng,
nà yídìng yào xuéxí.

2 你要是想活着，
那一定要吃药。

Nǐ yàoshi xiǎng huózhe,
nà yídìng yào chī yào.

3 你要是想成功，
那一定要树立目标。

Nǐ yàoshi xiǎng chénggōng,
nà yídìng yào shùlì mùbiāo.

4 你要是想知道秘诀，
那一定要听我的。

Nǐ yàoshi xiǎng zhīdào mìjué,
nà yídìng yào tīng wǒ de.

5 你要是想下班，
那一定要先做完这个。

Nǐ yàoshi xiǎng xiàbān,
nà yídìng yào xiān zuòwán zhège.

6 你要是想跟我做朋友，
那一定要请我吃饭。

Nǐ yàoshi xiǎng gēn wǒ zuò péngyou,
nà yídìng yào qǐng wǒ chīfàn.

7 你要是想知道结果，
那一定要来这儿。

Nǐ yàoshi xiǎng zhīdào jiéguǒ,
nà yídìng yào lái zhèr.

8 你要是想参加比赛，
那一定要提前准备。

Nǐ yàoshi xiǎng cānjiā bǐsài,
nà yídìng yào tíqián zhǔnbèi.

9 你要是想跟我结婚，
那一定要赚到很多钱。

Nǐ yàoshi xiǎng gēn wǒ jiéhūn,
nà yídìng yào zhuàndào hěn duō qián.

10 你要是想得到尊重，
那一定要先尊重别人。

Nǐ yàoshi xiǎng dédào zūnzhòng,
nà yídìng yào xiān zūnzhòng biérén.

树立 shùlì 동 세우다 | 秘诀 mìjué 명 비결 | 赚 zhuàn 동 (돈을) 벌다

STEP 3의 예문을 셀로판지로 가리고 암기하자! 숙지되면 빠른 속도로 훈련하기!

		느린 속도 ≫ 빠른 속도
너는 성공하려면 그럼 반드시 공부해야 해.	成功	☐ ☐
너는 살고 싶다면 그럼 반드시 약을 먹어야 해.	活着	☐ ☐
너는 성공하려면 그럼 반드시 목표를 세워야 해.	树立	☐ ☐
너는 비결을 알고 싶다면 그럼 반드시 내 말을 들어야 해.	秘诀	☐ ☐
너는 퇴근하고 싶으면 그럼 반드시 우선 이것을 다 해야 해.	下班	☐ ☐
너는 나랑 친구가 되고 싶다면 그럼 반드시 밥을 쏴야 해.	做朋友	☐ ☐
너는 결과를 알고 싶다면 그럼 반드시 이곳에 와야 한다.	结果	☐ ☐
너는 대회에 참가하고 싶다면 그럼 반드시 미리 준비해야 해.	提前	☐ ☐
너는 나와 결혼하려면 그럼 반드시 돈을 많이 벌어야 해.	赚到	☐ ☐
너는 존중을 받고 싶으면 그럼 먼저 다른 사람을 존중해야 해.	尊重	☐ ☐

Pattern 48

◀ 패턴 48 음성 강의

如果…就跟我说
만약에 ~하면 나에게 바로 말해

✅ 상대방에게 어떤 일을 가정하며 건네는 표현입니다.

STEP 1 중국인은 실생활에서 이렇게 말한다! 🎧 48-01

중국인과 어떻게 대화할지 막막하다고? 패턴을 활용해보자!

> 刚才太疼了，但现在
> Gāngcái tài téng le, dàn xiànzài
> 还忍得住啊。
> hái rěndezhù a.

> 如果觉得不行
> Rúguǒ juéde bù xíng
> 就跟我说，好吗?
> jiù gēn wǒ shuō, hǎo ma?

방금 전에는 많이 아팠는데 지금은 그래도 참을 수 있어요. 만약에 안 되겠다고 생각되면 나에게 바로 말해! 알겠지?

忍得住 rěndezhù 참을 수 있다 (↔ 忍不住 rěnbuzhù 참을 수 없다)

실생활에서 접할 수 있는 여러 가지 상황을 생각하며 패턴을 훈련하자!

| 상황 01 | 어디서? | 회사에서 |
| | 누구에게? | 마음에 드는 신입사원에게 |

직장 선배 만약에 **모르는 점이 있으**면 나에게 바로 말해요.

如果**有不懂的地方**就跟我说。
Rúguǒ yǒu bù dǒng de dìfang jiù gēn wǒ shuō.

| 상황 02 | 어디서? | 마사지샵에서 |
| | 누구에게? | 마사지를 받으러 온 손님에게 |

안마 담당 만약에 **좀 아프시**면 바로 말씀해주세요.

如果**觉得有点儿疼**就跟我说。
Rúguǒ juéde yǒudiǎnr téng jiù gēn wǒ shuō.

| 상황 03 | 어디서? | 회식자리에서 |
| | 누구에게? | 신입사원들에게 |

부장 만약에 **마시고 싶지 않으**면 말해요.

如果**不想喝**就跟我说，
Rúguǒ bù xiǎng hē jiù gēn wǒ shuō,

난 강요하지는 않아요.

我不会勉强你们的。
wǒ bú huì miǎnqiǎng nǐmen de.

⭐ 不会…的 [강조] ~하지 않을 것이다
예 他**不会**回来**的**。 그는 돌아오지 않을 거야.
　　Tā bú huì huílái de.

勉强 miǎnqiǎng 동 강요하다

10가지 활용 예문을 입에 착 붙도록 말해보자!

1 如果不舒服就跟我说。 Rúguǒ bù shūfu jiù gēn wǒ shuō.

2 如果不干净就跟我说。 Rúguǒ bù gānjìng jiù gēn wǒ shuō.

3 如果质量低就跟我说。 Rúguǒ zhìliàng dī jiù gēn wǒ shuō.

4 如果味道不好就跟我说。 Rúguǒ wèidào bù hǎo jiù gēn wǒ shuō.

5 如果他不来就跟我说。 Rúguǒ tā bù lái jiù gēn wǒ shuō.

6 如果不合适就跟我说。 Rúguǒ bù héshì jiù gēn wǒ shuō.

7 如果有毛病就跟我说。 Rúguǒ yǒu máobìng jiù gēn wǒ shuō.

8 如果不满意就跟我说。 Rúguǒ bù mǎnyì jiù gēn wǒ shuō.

9 如果到明天还疼就跟我说。 Rúguǒ dào míngtiān hái téng jiù gēn wǒ shuō.

10 如果结果跟我说的不一样就跟我说。 Rúguǒ jiéguǒ gēn wǒ shuō de bù yíyàng jiù gēn wǒ shuō.

舒服 shūfu 형 편안하다 | 质量 zhìliàng 명 품질, 퀄리티 | 合适 héshì 형 적합하다, 적절하다 | 满意 mǎnyì 형 만족하다

*STEP 3*의 예문을 셀로판지로 가리고 암기하자! 숙지되면 빠른 속도로 훈련하기!

		느린 속도 ≫ 빠른 속도
만약에 불편하면 나에게 말해.	舒服	☐ ☐
만약에 깨끗하지 않으면 제게 말해주세요.	干净	☐ ☐
만약에 퀄리티가 떨어지면 나에게 말해.	质量	☐ ☐
만약에 맛이 없으면 나에게 말해.	味道	☐ ☐
만약에 걔가 안 오면 나에게 말해.	来	☐ ☐
만약에 적합하지 않으면 나에게 말씀해주세요.	合适	☐ ☐
만약에 문제가 있으면 제게 말씀해주세요.	毛病	☐ ☐
만약에 마음에 안 드시면 제게 말씀해주세요.	满意	☐ ☐
만약에 내일이 되었는데 그래도 아프면 나에게 말해.	疼	☐ ☐
만약에 결과가 내가 말한 것과 다르면 내게 말해.	结果	☐ ☐

◀ 패턴 49 음성 강의

还有其他的 A 要…

또 다른 A를 ~해야 해

⊘ 이것 말고도 또 다른 일이 있음을 말할 때 사용하는 표현입니다.

STEP 1 **중국인은 실생활에서 이렇게 말한다!** 🎧 49-01

중국인과 어떻게 대화할지 막막하다고? 패턴을 활용해보자!

我看你一整天够忙的,
Wǒ kàn nǐ yì zhěngtiān gòu máng de,

暂时休息会儿!
zànshí xiūxi huìr!

✦ 够 + 형용사 충분히 A하다
예 已经够多了。 이미 충분히 많다.
Yǐjīng gòu duō le.

不行! 我还有其他的地方要去。
Bù xíng! Wǒ hái yǒu qítā de dìfang yào qù.

내가 보니 너 하루 종일 엄청 바빠 보인다. 잠깐 좀 쉬어!   안 돼! 나는 또 다른 곳으로 가야 해.

暂时 zànshí 명 잠시, 잠깐

실생활에서 접할 수 있는 여러 가지 상황을 생각하며 패턴을 훈련하자!

상황 01	어디서?	마트에서
	누구에게?	가자고 재촉하는 친구에게

친구 그럼 너 먼저 가! 난 또 다른 물건을 사야 해.

那你就先走吧！我还有其他的东西要买。
Nà nǐ jiù xiān zǒu ba! Wǒ hái yǒu qítā de dōngxi yào mǎi.

상황 02	언제?	网红들의 대화 중
	누구에게?	다른 网红에게

网红 난 또 다른 동영상을 찍어야 해!

我还有其他的视频要拍！
Wǒ hái yǒu qítā de shìpín yào pāi!

⭐ 网红 wǎnghóng
온라인 셀럽(网络红人의 줄임말)

상황 03	어디서?	사무실에서
	누구에게?	인쇄기를 쓰려는 동료에게

동료 조금만 기다려! 난 또 다른 문서를 인쇄해야 해.

稍微等一下！我还有其他的文件要打印。
Shāowēi děng yíxià! Wǒ hái yǒu qítā de wénjiàn yào dǎyìn.

视频 shìpín 명 동영상 | 打印 dǎyìn 동 인쇄하다, 프린트하다

10가지 활용 예문을 입에 착 붙도록 말해보자!

1 我还有其他的工作要做。

Wǒ hái yǒu qítā de gōngzuò yào zuò.

2 我们还有其他的电影要看。

Wǒmen hái yǒu qítā de diànyǐng yào kàn.

3 你还有其他的客户要见。

Nǐ hái yǒu qítā de kèhù yào jiàn.

4 他还有其他的东西要吃。

Tā hái yǒu qítā de dōngxi yào chī.

5 我还有其他的工作要负责。

Wǒ hái yǒu qítā de gōngzuò yào fùzé.

6 我还有其他的地方要打扫。

Wǒ hái yǒu qítā de dìfang yào dǎsǎo.

7 我还有其他的文件要写。

Wǒ hái yǒu qítā de wénjiàn yào xiě.

8 我还有其他的资料要看。

Wǒ hái yǒu qítā de zīliào yào kàn.

9 我还有其他的音乐要听。

Wǒ hái yǒu qítā de yīnyuè yào tīng.

10 今天实在不行，我还有其他的课要听。

Jīntiān shízài bùxíng, wǒ hái yǒu qítā de kè yào tīng.

负责 fùzé 동 책임지다 | 文件 wénjiàn 명 문서 | 资料 zīliào 명 자료

STEP 3의 예문을 셀로판지로 가리고 암기하자! 숙지되면 빠른 속도로 훈련하기!

		느린 속도 ≫ 빠른 속도
나는 또 다른 일을 해야 해.	做	☐ ☐
우리는 또 다른 영화를 봐야 해.	电影	☐ ☐
너는 또 다른 고객을 만나야 해.	客户	☐ ☐
그는 또 다른 것을 먹어야 해.	吃	☐ ☐
나는 또 다른 업무를 책임져야 해.	负责	☐ ☐
나는 또 다른 장소를 청소해야 해.	打扫	☐ ☐
나는 또 다른 문서를 작성해야 해.	文件	☐ ☐
나는 또 다른 자료를 봐야 해.	资料	☐ ☐
나는 또 다른 음악을 들어야 해.	音乐	☐ ☐
오늘은 도저히 안 되겠어. 나는 또 다른 수업 들어야 해.	课	☐ ☐

Pattern 50

◀ 패턴 50 음성 강의

从小就…

어려서부터 ~했어

✓ 어떤 행동을 이른 시기부터 하기 시작했음을 말할 때 사용합니다.

STEP 1 중국인은 실생활에서 이렇게 말한다! 🎧 50-01

중국인과 어떻게 대화할지 막막하다고? 패턴을 활용해보자!

你弹钢琴弹得太厉害了,
Nǐ tán gāngqín tán de tài lìhai le,
跟我完全不一样!
gēn wǒ wánquán bù yíyàng!

我从小就开始弹钢琴,
Wǒ cóngxiǎo jiù kāishǐ tán gāngqín,
当然跟你不一样啊。
dāngrán gēn nǐ bù yíyàng a.

너 피아노 진짜 잘 친다. 나랑은 완전 다르네!

나는 어렸을 때부터 피아노를 치기 시작했으니 당연히 너랑 다르지.

弹 tán 동 (악기를) 켜다, 연주하다 | 钢琴 gāngqín 명 피아노 | 厉害 lìhai 형 대단하다

실생활에서 접할 수 있는 여러 가지 상황을 생각하며 패턴을 훈련하자!

상황 01	언제?	과학 잡지 인터뷰 중
	누구에게?	기자에게

과학 박사 저는 어렸을 때부터 주위 사물을 관찰하기 좋아했어요.

我从小就爱观察周围的事物。
Wǒ cóngxiǎo jiù ài guānchá zhōuwéi de shìwù.

상황 02	언제?	명문대에 입학한 학생의 부모님 인터뷰 중
	누구에게?	기자에게

부모 제 아들은 어려서부터 각종 책들을 보는 것을 좋아했어요.

我儿子从小就喜欢看各种各样的书。
Wǒ érzi cóngxiǎo jiù xǐhuan kàn gèzhǒng gèyàng de shū.

상황 03	언제?	친구와 대화 중
	누구에게?	동안의 비결을 알려달라는 친구에게

동안 친구 나는 어려서부터 물을 많이 마시는 습관이 있었어.

我从小就有多喝水的习惯。
Wǒ cóngxiǎo jiù yǒu duō hē shuǐ de xíguàn.

观察 guānchá 동 관찰하다 | 事物 shìwù 명 사물 | 各种各样 gèzhǒng gèyàng 성어 각양각색 | 习惯
xíguàn 명 습관

10가지 활용 예문을 입에 착 붙도록 말해보자!

1 我从小就喜欢学习。 Wǒ cóngxiǎo jiù xǐhuan xuéxí.

2 他从小就爱运动。 Tā cóngxiǎo jiù ài yùndòng.

3 我从小就怕冷。 Wǒ cóngxiǎo jiù pà lěng.

4 她从小就很善良。 Tā cóngxiǎo jiù hěn shànliáng.

5 他从小就爱挑战。 Tā cóngxiǎo jiù ài tiǎozhàn.

6 他从小就想当老师。 Tā cóngxiǎo jiù xiǎng dāng lǎoshī.

7 他从小就喜欢交朋友。 Tā cóngxiǎo jiù xǐhuan jiāo péngyou.

8 她从小就跟别人不一样。 Tā cóngxiǎo jiù gēn biérén bù yíyàng.

9 他从小就有一个良好的生活习惯。 Tā cóngxiǎo jiù yǒu yí ge liánghǎo de shēnghuó xíguàn.

10 我从小就喜欢用汉语跟别人沟通。 Wǒ cóngxiǎo jiù xǐhuan yòng Hànyǔ gēn biérén gōutōng.

善良 shànliáng 형 착하다 | 挑战 tiǎozhàn 동 도전하다 | 当 dāng 동 되다 | 良好 liánghǎo 형 양호하다, 좋다 | 沟通 gōutōng 동 교류하다, 소통하다

STEP 3의 예문을 셀로판지로 가리고 암기하자! 숙지되면 빠른 속도로 훈련하기!

		느린 속도 ≫ 빠른 속도
나는 어렸을 때부터 공부를 좋아했어.	学习	☐ ☐
그는 어려서부터 운동하는 걸 좋아했어.	运动	☐ ☐
나는 어렸을 때부터 추위를 싫어했어.	怕冷	☐ ☐
그녀는 어렸을 때부터 매우 착했어.	善良	☐ ☐
그는 어려서부터 도전하는 것을 좋아했어.	挑战	☐ ☐
그는 어려서부터 선생님이 되기를 원했어.	当	☐ ☐
그는 어렸을 때부터 친구 사귀는 걸 좋아했어.	交朋友	☐ ☐
그녀는 어렸을 때부터 다른 사람들과 달랐어.	别人	☐ ☐
그는 어려서부터 좋은 생활 습관 하나를 가지고 있었어.	良好	☐ ☐
나는 어려서부터 중국어로 다른 사람과 이야기하는 것을 좋아했어.	沟通	☐ ☐

41

是 A 先…的

A가 먼저 ~한 거야

- 내가 먼저 도착했어.
- 네가 먼저 속인 거잖아!
- 남친이 먼저 나에게 말한 거야.

42

… 不就行了吗?

~하면 되는 거 아니야? / ~하면 되잖아!

- 내가 먹으면 되잖아!
- 네가 내일 직접 가보면 되잖아!
- 내가 너랑 같이 가면 되는 거 아니야?

50

从小就…

어려서부터 ~했어

- 나는 어렸을 때부터 공부를 좋아했어.
- 그녀는 어렸을 때부터 매우 착했어.
- 그는 어려서부터 선생님이 되기를 원했어.

Pattern 41~50

49

还有其他的 A 要…

또 다른 A를 ~해야 해

- 나는 또 다른 일을 해야 해.
- 나는 또 다른 장소를 청소해야 해.
- 나는 또 다른 문서를 작성해야 해.

48

如果…就跟我说

만약에 ~하면 나에게 바로 말해

- 만약에 불편하면 나에게 말해.
- 만약에 맛이 없으면 나에게 말해.
- 만약에 마음에 안 드시면 제게 말씀해주세요.

43

对(于) A 来说

A의 입장에서는 / A에게는

- 내 입장에서는 매우 어려워.
- 그의 입장에서는 매우 간단해.
- 이런 결과는 내 입장에서는 받아들일 수 없어.

44

只要…就可以了

~하기만 하면 돼

- 노력하기만 하면 돼.
- 너는 와서 돈 내기만 하면 돼.
- 너는 제때 와주기만 하면 돼!

내 문장으로
만들기!

45

只有 A 才能 B

A해야만 비로소 B할 수 있다

- 너는 노력해야만 성공할 수 있어.
- 너는 일찍 돌아와야만 나를 만날 수 있어.
- 너는 뉴스를 봐야만 세상의 변화를 알 수 있어.

47

你要是想 A，那一定要 B

너는 A하고 싶으면 그럼 반드시 B해야 돼

- 너는 성공하려면 그럼 반드시 공부해야 해.
- 너는 성공하려면 그럼 반드시 목표를 세워야 해.
- 너는 나랑 친구가 되고 싶다면 그럼 반드시 밥을 쏴야 해.

46

동사 + 得 + 정도보어

Ⅴ한 정도가 ~하다

- 말하는 게 조금 빨라.
- 너 글씨를 너무 빨리 쓰지 마.
- 난 어제 걔랑 아주 즐겁게 대화했어.

Pattern 51~60

Pattern 51

◀ 패턴 51 음성 강의

我总觉得…

나는 왠지 ~라는 생각이 들어

✓ 확실하진 않지만 어쩐지 그렇다고 생각이 들 때 사용하는 표현입니다.

STEP 1 중국인은 실생활에서 이렇게 말한다! 🎧 51-01

중국인과 어떻게 대화할지 막막하다고? 패턴을 활용해보자!

> 我总觉得最近我
> Wǒ zǒng juéde zuìjìn wǒ
> 男朋友不爱我了。
> nán péngyou bú ài wǒ le.

나는 왠지 요즘 남친이 날 사랑하지 않는 거 같아.

> 既然这样,
> Jìrán zhèyàng,
> 跟我在一起吧!
> gēn wǒ zài yìqǐ ba!

이왕에 이렇게 된 거 나랑 사귀자!

既然 jìrán 접 기왕에 ~한 이상

실생활에서 접할 수 있는 여러 가지 상황을 생각하며 패턴을 훈련하자!

상황 01	언제?	친구끼리 남편 이야기 중
	누구에게?	친구에게

친구 난 왠지 요즘 남편이 무슨 비밀이 있는 것 같다는 생각이 들어.

我总觉得最近我老公有什么秘密。
Wǒ zǒng juéde zuìjìn wǒ lǎogōng yǒu shénme mìmì.

상황 02	어디서?	회사 사무실에서
	누구에게?	동료에게

동료 난 왠지 오늘 사무실 분위기가 이상한 거 같아.

我总觉得今天办公室的气氛奇怪啊。
Wǒ zǒng juéde jīntiān bàngōngshì de qìfēn qíguài a.

상황 03	언제?	남자 친구와 데이트하는 중
	누구에게?	달라진 남자 친구에게

여친 난 왠지 네가 평소와 다르다는 생각이 들어.

我总觉得你跟平时不一样。
Wǒ zǒng juéde nǐ gēn píngshí bù yíyàng.

老公 lǎogōng 명 남편 | 秘密 mìmì 명 비밀 | 气氛 qìfēn 명 분위기 | 平时 píngshí 명 평소

10가지 활용 예문을 입에 착 붙도록 말해보자!

1 我总觉得有点儿累。　　　Wǒ zǒng juéde yǒudiǎnr lèi.

2 我总觉得身体不舒服。　　Wǒ zǒng juéde shēntǐ bù shūfu.

3 我总觉得有点奇怪。　　　Wǒ zǒng juéde yǒudiǎn qíguài.

4 我总觉得缺点什么。　　　Wǒ zǒng juéde quē diǎn shénme.

5 我总觉得他不会来。　　　Wǒ zǒng juéde tā bú huì lái.

6 我总觉得她很漂亮。　　　Wǒ zǒng juéde tā hěn piàoliang.

7 我总觉得他在骗我。　　　Wǒ zǒng juéde tā zài piàn wǒ.

8 我总觉得你今天不自然。　Wǒ zǒng juéde nǐ jīntiān bú zìrán.

9 我总觉得你们两个不合适。Wǒ zǒng juéde nǐmen liǎng ge bù héshì.

10 我总觉得我老婆在看不起我。Wǒ zǒng juéde wǒ lǎopo zài kànbuqǐ wǒ.

缺 quē 동 모자라다 | 自然 zìrán 형 자연스럽다 | 看不起 kànbuqǐ 동 무시하다

STEP 3의 예문을 셀로판지로 가리고 암기하자! 숙지되면 빠른 속도로 훈련하기!

		느린 속도 ≫ 빠른 속도
나는 왠지 좀 피곤해.	累	☐ ☐
나는 뭔가 몸이 불편한 거 같아.	舒服	☐ ☐
나는 뭔가 좀 이상하다는 생각이 들어.	奇怪	☐ ☐
나는 뭔가 부족하다는 생각이 들어.	缺	☐ ☐
나는 왠지 걔가 안 올 것 같아.	不会	☐ ☐
나는 왠지 걔가 예쁘다는 생각이 들어.	漂亮	☐ ☐
나는 왠지 걔가 지금 나를 속이고 있다는 생각이 들어.	骗	☐ ☐
나는 네가 오늘 뭔가 부자연스럽다고 생각해.	自然	☐ ☐
나는 왠지 너희 둘은 안 어울리는 거 같아.	合适	☐ ☐
나는 왠지 아내가 나를 무시하고 있다는 생각이 들어.	看不起	☐ ☐

Pattern 52

◀ 패턴 52 음성 강의

既然 A，那(就) B 吧

기왕에 A했으니 그럼 B해라(/하자)

✓ 이미 이루어진 상황이니 어떤 것을 하자고 건의할 때 사용합니다.

STEP 1 중국인은 실생활에서 이렇게 말한다! 🎧 52-01

중국인과 어떻게 대화할지 막막하다고? 패턴을 활용해보자!

光一不在家吗?
Guāngyī bú zài jiā ma?
那我改天再来吧!
Nà wǒ gǎitiān zài lái ba!

你既然来了,
Nǐ jìrán lái le,
那吃完饭再走吧!
nà chīwán fàn zài zǒu ba!

광일이 집에 없나요? 그럼 저는 다음에 다시 올게요!

얘는 기왕에 왔는데 밥이나 먹고 가라!

改天 gǎitiān 명 다른 날, 후일

실생활에서 접할 수 있는 여러 가지 상황을 생각하며 패턴을 훈련하자!

상황 01	어디서?	옷 가게에서
	누구에게?	원하는 색상의 옷이 없다는 점원에게

 고객 이왕에 다른 색깔이 없으면 그럼 환불해주세요!

既然没有别的颜色，那就给我退款**吧**!

Jìrán méiyǒu biéde yánsè, nà jiù gěi wǒ tuìkuǎn ba!

상황 02	어디서?	회사 근처 커피숍에서
	누구에게?	실의에 빠진 동료에게

동료 기왕에 이렇게 된 이상, 우리 다시 한번 해보자!

既然如此，那咱们再来试试**吧**!

Jìrán rúcǐ, nà zánmen zài lái shìshi ba!

상황 03	어디서?	카센터에서
	누구에게?	고객에게

 수리 기사 기왕에 수리비가 이렇게 많이 드는데 그럼 차라리 새 차로 바꾸시죠!

既然修理费要这么多，那干脆换新的**吧**!

Jìrán xiūlǐfèi yào zhème duō, nà gāncuì huàn xīn de ba!

退款 tuìkuǎn 동 환불하다 | 如此 rúcǐ 이와 같다 | 试试 shìshi 동 (~을) 해보다 | 修理费 xiūlǐfèi 명 수리비 |
干脆 gāncuì 부 차라리, 시원스럽게

10가지 활용 예문을 입에 착 붙도록 말해보자!

1 既然说帮，那就帮吧。   Jìrán shuō bāng, nà jiù bāng ba.

2 既然买了，那就好好儿用吧！   Jìrán mǎi le, nà jiù hǎohāor yòng ba!

3 你既然要去，那快点儿出发吧！   Nǐ jìrán yào qù, nà kuài diǎnr chūfā ba!

4 既然答应了，那就好好儿帮吧。   Jìrán dāying le, nà jiù hǎohāor bāng ba.

5 既然你也来了，那我们一起去吧。   Jìrán nǐ yě lái le, nà wǒmen yìqǐ qù ba.

6 既然晚了，那干脆不去吧。   Jìrán wǎn le, nà gāncuì bú qù ba.

7 既然说去，那别再纠结了！   Jìrán shuō qù, nà bié zài jiūjié le!

8 既然这样，那我们也放弃吧。   Jìrán zhèyàng, nà wǒmen yě fàngqì ba.

9 既然关门了，那我们先回家吧。   Jìrán guānmén le, nà wǒmen xiān huí jiā ba.

10 既然你不想，那我也不勉强你了。   Jìrán nǐ bù xiǎng, nà wǒ yě bù miǎnqiǎng nǐ le.

✘ 纠结 jiūjié 회화체 고민하다 (예: 我有点儿纠结! 나는 좀 고민이야!) | 勉强 miǎnqiǎng 통 강요하다

STEP 3의 예문을 셀로판지로 가리고 암기하자! 숙지되면 빠른 속도로 훈련하기!

		느린 속도 ≫ 빠른 속도
기왕에 돕기로 했으니 도와주자.	帮	☐　☐
이왕에 샀으니 그럼 잘 사용해봐!	买	☐　☐
너는 이왕 갈 거면 빨리 출발해!	出发	☐　☐
기왕에 허락했으니 잘 좀 도와줘.	答应	☐　☐
이왕에 너도 왔으니 우리 함께 가자.	一起去	☐　☐
이왕 늦었으니 차라리 가지 말자.	干脆	☐　☐
기왕에 간다고 했으면 그만 고민해!	纠结	☐　☐
이왕에 이렇게 됐으니 우리도 포기하자.	这样	☐　☐
기왕에 문을 닫았으니 우리 일단 집으로 돌아가자.	关门	☐　☐
기왕에 네가 싫어하니 나도 강요하지 않을게.	勉强	☐　☐

Pattern 53

◀ 패턴 53 음성 강의

装···

~한 척하다

✓ 사실이 아닌 어떤 행위를 하는 척할 때 사용합니다.

STEP 1 **중국인은 실생활에서 이렇게 말한다!** 🎧 53-01

중국인과 어떻게 대화할지 막막하다고? 패턴을 활용해보자!

我是个老实人,
Wǒ shì ge lǎoshi rén,
要是她问我, 我怎么办?
yàoshi tā wèn wǒ, wǒ zěnme bàn?

她问你, 你就装
Tā wèn nǐ, nǐ jiù zhuāng
不知道吧, 就这一次!
bù zhīdào ba, jiù zhè yí cì!

난 정직한 사람이야. 걔(여친)가 물어보면 어떻게 해?

걔가 물어보면 넌 모르는 척 좀 해줘. 딱 이번만이야!

老实 lǎoshi 형 솔직하다, 정직하다 | 就这一次 jiù zhè yí cì 딱 이번 한 번만

실생활에서 접할 수 있는 여러 가지 상황을 생각하며 패턴을 훈련하자!

상황 01

언제?	데이트 도중 심각한 일로 싸웠을 때
누구에게?	애교로 넘어가려는 여자 친구에게

남친 네가 귀여운 척해도 소용없어. 이건 작은 일이 아니라고!

你装可爱也没用，这不是小事!
Nǐ zhuāng kě'ài yě méi yòng, zhè bú shì xiǎo shì!

상황 02

언제?	다른 직원을 뒷담화 중
누구에게?	친한 동료에게

동료 걔는 항상 저렇게 사장님 앞에서 불쌍한 척이야!

她总是那样在老板面前装可怜!
Tā zǒngshì nàyàng zài lǎobǎn miànqián zhuāng kělián!

⭐ 在 + 명사 + 面前 **N** 앞에서
예 在我面前 내 앞에서
zài wǒ miànqián

상황 03

언제?	친구와 대화 중
누구에게?	잘난 체하는 친구에게

친구 돈 있는 척하기는! 너 돈 없는 거 난 진작에 알았거든!

装什么呀? 我知道你手里没钱了!
Zhuāng shénme ya? Wǒ zhīdào nǐ shǒu li méi qián le!

⭐ 装什么呀?
Zhuāng shénme ya?
[회화체] ~인 척하기는! / ~인 척하지 마!

没用 méi yòng 쓸모가 없다, 소용없다 ｜ 可怜 kělián 형 가련하다, 불쌍하다 ｜ 手里 shǒu li 손, 수중

10가지 활용 예문을 입에 착 붙도록 말해보자!

1 装不喜欢。 Zhuāng bù xǐhuan.

2 你别装疼。 Nǐ bié zhuāng téng.

3 你别装傻。 Nǐ bié zhuāng shǎ.

4 他喜欢装有钱。 Tā xǐhuan zhuāng yǒu qián.

5 我喜欢玩装死。 Wǒ xǐhuan wán zhuāng sǐ.

6 你别故意装不知道。 Nǐ bié gùyì zhuāng bù zhīdào.

7 他动不动就装没听到。 Tā dòngbudòng jiù zhuāng méi tīngdào.

8 你千万不要不懂装懂。 Nǐ qiānwàn búyào bùdǒng zhuāngdǒng.

9 我们家孩子动不动就装哭。 Wǒmen jiā háizi dòngbudòng jiù zhuāng kū.

10 他真看过，但他一直装没看过。 Tā zhēn kànguo, dàn tā yìzhí zhuāng méi kànguo.

故意 gùyì 부 고의로, 일부러 | 动不动(就) dòngbudòng (jiù) 걸핏하면 | 不懂装懂 bùdǒng zhuāngdǒng 모르는데 아는 척하다

STEP 3의 예문을 셀로판지로 가리고 암기하자! 숙지되면 빠른 속도로 훈련하기!

		느린 속도 ≫ 빠른 속도
싫어하는 척을 하다.	讨厌	☐ ☐
너는 아픈 척 좀 하지 마.	疼	☐ ☐
너는 바보처럼 굴지 마.	傻	☐ ☐
그는 돈 있는 척하는 것을 좋아해.	有钱	☐ ☐
나는 죽은 척하는 놀이를 하는 것을 좋아해.	死	☐ ☐
너는 일부러 모르는 척하지 마.	故意	☐ ☐
그는 걸핏하면 못 들은 척을 해.	没听到	☐ ☐
너는 제발 모르면서 아는 척하지 마.	懂	☐ ☐
우리 집 아이는 걸핏하면 우는 척을 해.	动不动就	☐ ☐
그는 정말 봤는데도 계속 못 본 척을 해.	没看过	☐ ☐

Pattern 54

 ◀ 패턴 54 음성 강의

好几天都没有…

꽤 오랫동안 ~하지 않았어

✅ 어떠한 행위를 한참 동안 하지 못했다는 이야기를 할 때 사용합니다.

STEP 1 중국인은 실생활에서 이렇게 말한다! 🎧 54-01

중국인과 어떻게 대화할지 막막하다고? 패턴을 활용해보자!

他不怎么过来，你跟他见过面吗？
Tā bù zěnme guòlái, nǐ gēn tā jiànguo miàn ma?

✦ 不怎么… 별로 ~하지 않다
예 不怎么喝酒。
Bù zěnme hē jiǔ.
술을 별로 마시지 않는다.
不怎么漂亮。
Bù zěnme piàoliang.
별로 예쁘지 않다.

听说生意不太好回国了，
Tīngshuō shēngyì bútài hǎo huíguó le,
我好几天都没有见到他。
wǒ hǎo jǐ tiān dōu méiyǒu jiàndào tā.

걔는 잘 안 나오네. 넌 만난 적 있어?

비즈니스가 잘 안 돼서 귀국했다고 하더라고, 꽤 오랫동안 못 봤어.

生意 shēngyì 명 비즈니스, 장사

실생활에서 접할 수 있는 여러 가지 상황을 생각하며 패턴을 훈련하자!

상황 01	언제?	친구와 커피숍에서 수다를 떨 때
	무엇을 하며?	인터넷 기사를 보며

 친구 대박! 걔가 결혼했다고? 난 꽤 여러 날 동안 인터넷을 안 했거든.

哇塞！他结婚了？我好几天都没有上网。

Wāsài! Tā jiéhūn le? Wǒ hǎo jǐ tiān dōu méiyǒu shàngwǎng.

상황 02	어디서?	사무실에서
	누구에게?	결과를 묻는 상사에게

 팀원 제가 이미 몇 번 재촉했는데

我已经催了几次，

Wǒ yǐjīng cuī le jǐ cì,

그들은 꽤 오랫동안 답이 없어요.

但他们好几天都没有回答。

dàn tāmen hǎo jǐ tiān dōu méiyǒu huídá.

상황 03	어디서?	교수님 연구실에서
	무엇을 하며?	자초지종을 설명하며

 학생 저는 학비를 버는 것이 너무 힘이 들어서

我赚学费赚得太累了，

Wǒ zhuàn xuéfèi zhuàn de tài lèi le,

꽤 오랫동안 책을 못 봤습니다.

所以好几天都没有看书。

suǒyǐ hǎo jǐ tiān dōu méiyǒu kàn shū.

哇塞 wāsài 감 우와 | 上网 shàngwǎng 동 인터넷을 하다 | 催 cuī 동 재촉하다 | 赚 zhuàn 동 벌다 | 学费 xuéfèi 명 학비

10가지 활용 예문을 입에 착 붙도록 말해보자!

1 他好几天都没有上班。

Tā hǎo jǐ tiān dōu méiyǒu shàngbān.

2 我们好几天都没有见面。

Wǒmen hǎo jǐ tiān dōu méiyǒu jiànmiàn.

3 他好几天都没有回家。

Tā hǎo jǐ tiān dōu méiyǒu huí jiā.

4 我好几天都没有吃东西。

Wǒ hǎo jǐ tiān dōu méiyǒu chī dōngxi.

5 我好几天都没有按时下班。

Wǒ hǎo jǐ tiān dōu méiyǒu ànshí xiàbān.

6 我好几天都没有理他了。

Wǒ hǎo jǐ tiān dōu méiyǒu lǐ tā le.

7 男朋友好几天都没有联系我。

Nán péngyou hǎo jǐ tiān dōu méiyǒu liánxì wǒ.

8 他好几天都没有休息，
结果累倒了。

Tā hǎo jǐ tiān dōu méiyǒu xiūxi,
jiéguǒ lèidǎo le.

9 他决心戒烟之后，
好几天都没有抽烟。

Tā juéxīn jièyān zhīhòu,
hǎo jǐ tiān dōu méiyǒu chōuyān.

10 爸爸在生气，
所以好几天都没有跟我说话。

Bàba zài shēngqì,
suǒyǐ hǎo jǐ tiān dōu méiyǒu gēn wǒ shuōhuà.

理 lǐ 통 상대하다 | 结果 jiéguǒ 부 결국 | 累倒 lèidǎo 통 지쳐 쓰러지다 | 戒烟 jièyān 통 담배를 끊다

STEP 3의 예문을 셀로판지로 가리고 암기하자! 숙지되면 빠른 속도로 훈련하기!

		느린 속도 ≫ 빠른 속도
그는 꽤 오랫동안 출근을 하지 않았어.	上班	☐ ☐
우리는 꽤 오랫동안 만나지 않았어.	见面	☐ ☐
그는 꽤 오랫동안 집에 돌아가지 않았어.	回家	☐ ☐
나는 꽤 여러 날 동안 뭘 먹지 않았어.	吃东西	☐ ☐
나는 꽤 오랫동안 제시간에 퇴근하지 않았어.	按时	☐ ☐
나는 꽤 오랫동안 그를 상대하지 않았어.	理	☐ ☐
남자 친구가 꽤 오랫동안 나에게 연락하지 않았어.	联系	☐ ☐
그는 꽤 오랫동안 쉬지 않아서 결국 지쳐 쓰러졌어.	休息	☐ ☐
그는 금연을 결심한 이후 꽤 오랫동안 담배를 피우지 않았어.	抽烟	☐ ☐
아빠는 화가 나있어서 꽤 오랫동안 나와 이야기하지 않았어.	说话	☐ ☐

Pattern 55

◀ 패턴 55 음성 강의

我跟 A 约好了…

나는 A와 ~하기로 약속했어

✅ 누군가와 무엇을 하기로 약속했다고 말할 때 주로 사용하는 표현입니다.

STEP 1 **중국인은 실생활에서 이렇게 말한다!** 🎧 55-01

중국인과 어떻게 대화할지 막막하다고? 패턴을 활용해보자!

今天可以抽出时间
Jīntiān kěyǐ chōuchū shíjiān
跟我一起吃饭吗?
gēn wǒ yìqǐ chīfàn ma?

我跟朋友约好了
Wǒ gēn péngyou yuēhǎo le
一起吃饭,改天吧!
yìqǐ chīfàn, gǎitiān ba!

⭐ 抽出时间
chōuchū shíjiān
시간을 내다

오늘은 시간 내서 나랑 같이 밥 먹을 수 있어?　내가 친구랑 같이 밥 먹기로 약속해서, 다음에 먹자!

抽 chōu 동 뽑다, 꺼내다

실생활에서 접할 수 있는 여러 가지 상황을 생각하며 패턴을 훈련하자!

 상황 01

어디서?	회사 커피숍에서
누구에게?	타회사 직원에게

직원 저희는 이미 다른 회사와 만나기로 약속을 했습니다.

我们已经跟别的公司约好了见面。
Wǒmen yǐjīng gēn biéde gōngsī yuēhǎo le jiànmiàn.

 상황 02

어디서?	회사 사무실에서
누구에게?	갑자기 야근을 하라는 사장님에게

부하 직원 사장님, 정말 죄송합니다!

老板，实在不好意思！
Lǎobǎn, shízài bù hǎoyìsi!

제가 가족이랑 같이 밥 먹기로 약속을 해서요.

我跟家人约好了一起吃饭。
Wǒ gēn jiārén yuēhǎo le yìqǐ chīfàn.

 상황 03

어디서?	회식 자리에서
누구에게?	동료들에게

직원 먼저 가봐야겠어!

先失陪一下！
Xiān shīpéi yíxià!

내가 아내와 10시 전에 반드시 집에 가기로 약속을 했거든.

我跟老婆约好了十点之前必须回家。
Wǒ gēn lǎopo yuēhǎo le shí diǎn zhīqián bìxū huí jiā.

> ✤ 先失陪一下！ Xiān shīpéi yíxià!
> [회화체] 먼저 실례하겠습니다! / 먼저 가보겠습니다!

Pattern 55   **249**

10가지 활용 예문을 입에 착 붙도록 말해보자!

1 我跟他约好了一起上学。 Wǒ gēn tā yuēhǎo le yìqǐ shàngxué.

2 我跟妈妈约好了今天回去。 Wǒ gēn māma yuēhǎo le jīntiān huíqù.

3 我跟他约好了一起喝杯酒。 Wǒ gēn tā yuēhǎo le yìqǐ hē bēi jiǔ.

4 我已经跟朋友约好了一块儿走。 Wǒ yǐjīng gēn péngyou yuēhǎo le yíkuàir zǒu.

5 我已经跟儿子约好了一起度假。 Wǒ yǐjīng gēn érzi yuēhǎo le yìqǐ dùjià.

6 我跟老公约好了一起去买家具。 Wǒ gēn lǎogōng yuēhǎo le yìqǐ qù mǎi jiājù.

7 我已经跟家人约好了一起看电影。 Wǒ yǐjīng gēn jiārén yuēhǎo le yìqǐ kàn diànyǐng.

8 我跟他约好了星期天下午3点见面。 Wǒ gēn tā yuēhǎo le xīngqītiān xiàwǔ sān diǎn jiànmiàn.

9 我跟朋友约好了在我家一起做功课。 Wǒ gēn péngyou yuēhǎo le zài wǒ jiā yìqǐ zuò gōngkè.

10 我已经跟儿子约好了在今年之内戒酒。 Wǒ yǐjīng gēn érzi yuēhǎo le zài jīnnián zhīnèi jièjiǔ.

一块儿 yíkuàir 부 함께 | 度假 dùjià 동 휴가를 보내다 | 家具 jiājù 명 가구 | 做功课 zuò gōngkè 숙제를 하다 | 戒酒 jièjiǔ 동 술을 끊다

STEP 3의 예문을 셀로판지로 가리고 암기하자! 숙지되면 빠른 속도로 훈련하기!

		느린 속도 ›› 빠른 속도
나는 그와 함께 등교하기로 약속했어.	上学	☐ ☐
나는 오늘 돌아가기로 엄마와 약속했어.	回去	☐ ☐
나는 그와 오늘 술 한잔 같이 하기로 약속했어.	喝杯酒	☐ ☐
나는 친구와 함께 가기로 이미 약속했어.	一块儿	☐ ☐
난 이미 아들과 휴가를 같이 보내기로 약속했어.	度假	☐ ☐
난 남편과 오늘 같이 가구를 사러 가기로 약속했어.	家具	☐ ☐
나는 이미 가족과 함께 영화보기로 약속했어.	电影	☐ ☐
나는 그와 일요일 오후 3시에 만나기로 약속했어.	见面	☐ ☐
난 친구와 우리 집에서 함께 숙제를 하기로 약속했어.	功课	☐ ☐
난 우리 아들과 올해 안에 술을 끊기로 약속했어.	戒酒	☐ ☐

Pattern 56

◀ 패턴 56 음성 강의

说好了…

~하기로 약속했어

☑ 누군가가 어떠한 행위를 하기로 약속했을 때 사용하는 표현입니다.

STEP 1 중국인은 실생활에서 이렇게 말한다! 🎧 56-01

중국인과 어떻게 대화할지 막막하다고? 패턴을 활용해보자!

> 还不来，他怎么不守时呢?
> Hái bù lái, tā zěnme bù shǒushí ne?

> 他明明昨天说好了
> Tā míngmíng zuótiān shuōhǎo le
> 今天过来…。
> jīntiān guòlái….

아직도 안 오잖아! 걔는 왜 시간을 안 지키냐?

걔는 오늘 온다고 어제 분명히 약속했는데….

守时 shǒushí 동 시간을 엄수하다

실생활에서 접할 수 있는 여러 가지 상황을 생각하며 패턴을 훈련하자!

상황 01	어디서?	약속 장소에서 통화 중
	누구에게?	만나기로 약속한 친구에게

친구 2시에 나와 만나기로 약속하지 않았어?

不是说好了两点钟跟我见面吗?
Bú shì shuōhǎo le liǎng diǎnzhōng gēn wǒ jiànmiàn ma?

어디야?

人呢?
Rén ne?

✻ 人呢? [회화체] 어디야?
Rén ne?

상황 02	어디서?	식당에서
	누구에게?	카운터 직원에게

손님 계산이 틀렸어요! 사장님이 50퍼센트 할인해주기로 약속하셨어요.

算错了! 老板说好了给我打五折。
Suàncuò le! Lǎobǎn shuōhǎo le gěi wǒ dǎ wǔ zhé.

상황 03	어디서?	대형마트 장난감 코너에서
	누구에게?	점원에게

고객 다 팔렸어요?

卖没了?
Mài méi le?

아들에게 이 로보트 사다준다고 약속했거든요.

我跟儿子说好了给他买这个机器人。
Wǒ gēn érzi shuōhǎo le gěi tā mǎi zhège jīqìrén.

算 suàn 동 계산하다 | 打折 dǎzhé 동 할인하다 | 卖没了 mài méi le 다 팔렸다 | 机器人 jīqìrén 명 로보트

10가지 활용 예문을 입에 착 붙도록 말해보자!

1 他说好了明天去。

Tā shuōhǎo le míngtiān qù.

2 我说好了还给他。

Wǒ shuōhǎo le huángěi tā.

3 爸爸说好了准时到。

Bàba shuōhǎo le zhǔnshí dào.

4 他说好了请我吃饭。

Tā shuōhǎo le qǐng wǒ chīfàn.

5 公司说好了给我处理。

Gōngsī shuōhǎo le gěi wǒ chǔlǐ.

6 我说好了今年跟她结婚。

Wǒ shuōhǎo le jīnnián gēn tā jiéhūn.

7 你不是说好了今天过来吗?

Nǐ bú shì shuōhǎo le jīntiān guòlái ma?

8 他不是说好了跟你一起去吗?

Tā bú shì shuōhǎo le gēn nǐ yìqǐ qù ma?

9 那家公司说好了跟我们公司签合同。

Nà jiā gōngsī shuōhǎo le gēn wǒmen gōngsī qiān hétóng.

10 他说好了今天还钱,但还没有消息。

Tā shuōhǎo le jīntiān huánqián, dàn hái méiyǒu xiāoxi.

还钱 huánqián 동 돈을 갚다

STEP 3의 예문을 셀로판지로 가리고 암기하자! 숙지되면 빠른 속도로 훈련하기!

		느린 속도 ▶▶ 빠른 속도
그는 내일 가기로 약속했어.	明天	☐ ☐
나는 그에게 돌려주겠다고 약속했어.	还给	☐ ☐
아빠는 시간에 맞게 도착하겠다고 약속하셨어.	准时	☐ ☐
그는 나에게 밥을 쏜다고 약속했어.	请	☐ ☐
회사는 나에게 해결해 준다고 약속했다.	处理	☐ ☐
나는 올해 그녀와 결혼하겠다고 약속했어.	结婚	☐ ☐
너는 오늘 오겠다고 약속하지 않았어?	过来	☐ ☐
그는 너랑 같이 가겠다고 약속하지 않니?	一起	☐ ☐
그 회사는 우리 회사와 계약하겠다고 약속했습니다.	签合同	☐ ☐
그는 오늘 돈을 갚겠다고 약속했는데 아직 소식이 없네요.	还钱	☐ ☐

Pattern 57

◀ 패턴 57 음성 강의

跟 A 相比

A와 비교하며

✅ 어떤 대상과 비교할 때 쓰이며 강조의 느낌이 담겨 있는 표현입니다.

STEP 1 중국인은 실생활에서 이렇게 말한다! 🎧 57-01

중국인과 어떻게 대화할지 막막하다고? 패턴을 활용해보자!

你为什么必须要买
Nǐ wèi shénme bìxū yào mǎi
韩国的汽车呢?
Hánguó de qìchē ne?

是因为跟别的车相比,
Shì yīnwèi gēn biéde chē xiāngbǐ,
性价比更高。
xìngjiàbǐ gèng gāo.

너는 왜 굳이 한국 차를 산다고 하는 거야?

왜냐면 다른 차와 비교했을 때 가성비가 훨씬 높거든.

必须 bìxū 분 반드시 | 性价比 xìngjiàbǐ 명 가격 대비 성능(가성비)

실생활에서 접할 수 있는 여러 가지 상황을 생각하며 패턴을 훈련하자!

상황 01

어디서?	커피숍에서
누구에게?	커피숍 사장님에게

손님 다른 커피숍과 비교하면

跟别的咖啡店相比,
Gēn biéde kāfēidiàn xiāngbǐ,

이곳의 가격은 훨씬 적당하네요!

你们这儿的价钱更合算!
nǐmen zhèr de jiàqián gèng hésuàn!

> ✘ 你们这儿 [회화체] 이곳
> 예 你们这儿几点关门?
> 　 Nǐmen zhèr jǐ diǎn guānmén?
> 　 이곳은 몇 시에 문 닫나요?

상황 02

어디서?	상점에서
누구에게?	같이 쇼핑하는 친구에게

친구 다른 상점과 비교하며

跟别的商店相比,
Gēn biéde shāngdiàn xiāngbǐ,

이곳 물건 품질이 훨씬 좋네!

这儿东西的质量更好!
zhèr dōngxi de zhìliàng gèng hǎo!

상황 03

어디서?	식당에서
누구에게?	같이 점심을 먹으러 간 직장 동료에게

직장 동료 다른 음식과 비교하며 이 음식이 훨씬 입에 맞네.

跟别的菜相比，这道菜更合口。
Gēn biéde cài xiāngbǐ, zhè dào cài gèng hékǒu.

价钱 jiàqián 명 가격 ｜ 合算 hésuàn 형 적당하다, 합리적이다 ｜ 合口 hékǒu 형 입에 맞다

10가지 활용 예문을 입에 착 붙도록 말해보자!

1 跟他相比，我更高。

Gēn tā xiāngbǐ, wǒ gèng gāo.

2 跟我相比，他更帅。

Gēn wǒ xiāngbǐ, tā gèng shuài.

3 跟中国相比，韩国更冷。

Gēn Zhōngguó xiāngbǐ,
Hánguó gèng lěng.

4 跟你相比，她的性格更好。

Gēn nǐ xiāngbǐ,
tā de xìnggé gèng hǎo.

5 跟韩国语相比，汉语更难学。

Gēn Hánguóyǔ xiāngbǐ,
Hànyǔ gèng nán xué.

6 跟别的车相比，我的车更省油。

Gēn biéde chē xiāngbǐ,
wǒ de chē gèng shěngyóu.

7 跟他的成绩相比，我的成绩更低。

Gēn tā de chéngjì xiāngbǐ,
wǒ de chéngjì gèng dī.

8 跟上海相比，北京的天气更干燥。

Gēn Shànghǎi xiāngbǐ,
Běijīng de tiānqì gèng gānzào.

9 跟你的公司相比，
我公司的规模更大。

Gēn nǐ de gōngsī xiāngbǐ,
wǒ gōngsī de guīmó gèng dà.

10 跟你的办公室相比，
我办公室更干净。

Gēn nǐ de bàngōngshì xiāngbǐ,
wǒ bàngōngshì gèng gānjìng.

省油 shěng yóu 휘발유가 덜 들다 (↔ 费油 fèi yóu 휘발유가 많이 들다) | 干燥 gānzào 형 건조하다 | 规模 guīmó
명 규모

STEP 3의 예문을 셀로판지로 가리고 암기하자! 숙지되면 빠른 속도로 훈련하기!

		느린 속도 ▸▸ 빠른 속도
그와 비교해서 내 키는 훨씬 커.	高	☐ ☐
나와 비교해서 그의 얼굴이 더 잘생겼어.	帅	☐ ☐
중국과 비교했을 때 한국이 훨씬 추위.	冷	☐ ☐
너와 비교해서 그녀의 성격이 훨씬 좋아.	性格	☐ ☐
한국어와 비교했을 때 중국어가 훨씬 배우기 어려워.	难学	☐ ☐
다른 자동차와 비교했을 때 내 차가 더 기름을 아낄 수 있어.	省油	☐ ☐
그의 성적과 비교해서 내 성적은 더 낮아.	成绩	☐ ☐
상하이와 비교해서 베이징의 날씨가 더 건조해.	干燥	☐ ☐
너희 회사와 비교했을 때 우리 회사 규모가 훨씬 커.	规模	☐ ☐
너희 사무실과 비교했을 때 우리 사무실이 더 깨끗해.	干净	☐ ☐

Pattern 58

◀ 패턴 58 음성 강의

为 A 感到 ···

A로 인해 ~을 느끼다

⊘ 무엇으로 인해 어떠한 감정을 느낄 때 사용하는 표현입니다.

STEP 1 중국인은 실생활에서 이렇게 말한다! 🎧 58-01

중국인과 어떻게 대화할지 막막하다고? 패턴을 활용해보자!

高考结果公布了吗?
Gāokǎo jiéguǒ gōngbù le ma?

还没有，我为这次
Hái méiyǒu, wǒ wèi zhè cì
结果感到紧张。
jiéguǒ gǎndào jǐnzhāng.

수능 시험 결과 나왔어?　　아직 안 나왔어. 나 이번 결과 때문에 긴장 돼.

高考 gāokǎo 명 대학 입학 시험 | 公布 gōngbù 동 공표하다, 발표하다

실생활에서 접할 수 있는 여러 가지 상황을 생각하며 패턴을 훈련하자!

상황 01	어디서?	회사 옥상에서
	누구에게?	승진에서 떨어진 직원에게

상사 이번 결과가 애석하지만, 너무 힘들어 하지 마.

我为这次结果感到可惜，别太难过了。
Wǒ wèi zhè cì jiéguǒ gǎndào kěxī, bié tài nánguò le.

상황 02	어디서?	회사 휴게실에서
	누구에게?	승진 탈락을 위로해주는 동료들에게

직원 저는 이번 결과 때문에 마음이 아프네요.

我为这次结果感到伤心。
Wǒ wèi zhè cì jiéguǒ gǎndào shāngxīn.

상황 03	어디서?	면접실에서
	누구에게?	입사 시험에 탈락한 입사 지원자에게

인사 담당 저는 이번 결과에 대해 유감을 느낍니다.

我为这次结果感到遗憾。
Wǒ wèi zhè cì jiéguǒ gǎndào yíhàn.

可惜 kěxī 형 아쉽다, 애석하다 | 难过 nánguò 형 괴롭다, 슬프다 | 遗憾 yíhàn 명 유감

10가지 활용 예문을 입에 착 붙도록 말해보자!

1 我为你感到自豪。
Wǒ wèi nǐ gǎndào zìháo.

2 她为儿子感到骄傲。
Tā wèi érzi gǎndào jiāo'ào.

3 我为你的成功感到高兴。
Wǒ wèi nǐ de chénggōng gǎndào gāoxìng.

4 我为他的行为感到不安。
Wǒ wèi tā de xíngwéi gǎndào bù'ān.

5 我为这次结果感到着急。
Wǒ wèi zhè cì jiéguǒ gǎndào zháojí.

6 我为他的出现感到紧张。
Wǒ wèi tā de chūxiàn gǎndào jǐnzhāng.

7 他为过去的行动感到抱歉。
Tā wèi guòqù de xíngdòng gǎndào bàoqiàn.

8 他为现在的情况感到满足。
Tā wèi xiànzài de qíngkuàng gǎndào mǎnzú.

9 我朋友们都为这消息感到很兴奋。
Wǒ péngyoumen dōu wèi zhè xiāoxi gǎndào hěn xīngfèn.

10 所有的员工都为这次结果感到失望。
Suǒyǒu de yuángōng dōu wèi zhè cì jiéguǒ gǎndào shīwàng.

自豪 zìháo 동 자랑스럽게 여기다 | 骄傲 jiāo'ào 형 자랑스럽다, 교만하다 | 行为 xíngwéi 명 행위 | 着急 zháojí 동 조급해하다 | 消息 xiāoxi 명 소식 | 员工 yuángōng 명 직원

STEP 3의 예문을 셀로판지로 가리고 암기하자! 숙지되면 빠른 속도로 훈련하기!

		느린 속도 ≫ 빠른 속도
나는 네가 자랑스러워.	自豪	☐ ☐
그녀는 아들을 자랑스럽게 생각해.	骄傲	☐ ☐
나는 네가 성공해서 기뻐.	高兴	☐ ☐
나는 그의 행동 때문에 불안해.	不安	☐ ☐
나는 이번 결과 때문에 마음이 조급해.	着急	☐ ☐
나는 그가 나타나서 긴장이 돼.	紧张	☐ ☐
그는 과거의 행동 때문에 미안함을 느낀다.	抱歉	☐ ☐
그는 지금의 상황에 만족함을 느낀다.	满足	☐ ☐
내 친구들은 이 소식 때문에 매우 흥분했다.	兴奋	☐ ☐
모든 직원들이 이번 결과 때문에 실망하고 있다.	失望	☐ ☐

教 A 怎么…

A에게 어떻게 ~하는지 가르쳐주다

✅ 어떤 방식이나 법칙을 누군가에게 가르쳐줄 때 쓰는 표현입니다.

STEP 1 중국인은 실생활에서 이렇게 말한다! 🎧 59-01

중국인과 어떻게 대화할지 막막하다고? 패턴을 활용해보자!

我是头一次吃火锅所以
Wǒ shì tóu yí cì chī huǒguō suǒyǐ
不知道怎么吃。
bù zhīdào zěnme chī.

我教你怎么吃就可以了,
Wǒ jiāo nǐ zěnme chī jiù kěyǐ le,
先看着我吧!
xiān kànzhe wǒ ba!

나는 샤브샤브를 처음 먹는 거라서 어떻게 먹는지 몰라.

내가 너에게 어떻게 먹는지 알려주면 되잖아. 일단 나를 봐!

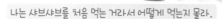

火锅 huǒguō 몡 중국식 샤브샤브

실생활에서 접할 수 있는 여러 가지 상황을 생각하며 패턴을 훈련하자!

상황 01	어디서?	회사에서
	누구에게?	막 입사한 신입사원에게

대리 제가 팩스를 어떻게 사용하는지 가르쳐줄게요.

我教你怎么用传真。

Wǒ jiāo nǐ zěnme yòng chuánzhēn.

상황 02	언제?	친구끼리 대화 중
	누구에게?	컴맹인 친구에게

친구 내가 사이트에 어떻게 가입하는 건지 가르쳐줄게, 잘 봐!

我教你怎么注册网站，看好了!

Wǒ jiāo nǐ zěnme zhùcè wǎngzhàn, kànhǎo le!

> ⭐ …好了 [회화체] 잘 ~해라
> 예 听好了。 잘 들어봐.
> Tīnghǎo le.

상황 03	어디서?	골프장에서
	누구에게?	골프 고수 친구에게

골프 초보 난 한 번도 쳐본 적 없어. 어떻게 치는 건지 네가 나한테 가르쳐줘.

我从来没打过，你教我怎么打吧。

Wǒ cónglái méi dǎguo, nǐ jiāo wǒ zěnme dǎ ba.

传真 chuánzhēn 명 팩스 | 注册 zhùcè 동 등록하다, 가입하다 | 网站 wǎngzhàn 명 웹 사이트

10가지 활용 예문을 입에 착 붙도록 말해보자!

1 我教你怎么写。　　Wǒ jiāo nǐ zěnme xiě.

2 我教你怎么弄。　　Wǒ jiāo nǐ zěnme nòng.

3 你教我怎么走吧。　　Nǐ jiāo wǒ zěnme zǒu ba.

4 你教他怎么画吧。　　Nǐ jiāo tā zěnme huà ba.

5 我教你怎么安装。　　Wǒ jiāo nǐ zěnme ānzhuāng.

6 你教我怎么打开吧。　　Nǐ jiāo wǒ zěnme dǎkāi ba.

7 你教我怎么使用吧。　　Nǐ jiāo wǒ zěnme shǐyòng ba.

8 你教他怎么下载吧。　　Nǐ jiāo tā zěnme xiàzài ba.

9 还好我之前学过，我教你怎么唱。　　Háihǎo wǒ zhīqián xuéguo, wǒ jiāo nǐ zěnme chàng.

10 这有点儿复杂，我教你怎么打开吧。　　Zhè yǒudiǎnr fùzá, wǒ jiāo nǐ zěnme dǎkāi ba.

安装 ānzhuāng 동 설치하다 | 使用 shǐyòng 동 사용하다 | 下载 xiàzài 동 다운로드하다 | 还好 háihǎo 부
다행히(도)

STEP 3의 예문을 셀로판지로 가리고 암기하자! 숙지되면 빠른 속도로 훈련하기!

			느린 속도 ≫ 빠른 속도
내가 어떻게 쓰는 건지 너에게 가르쳐줄게.	写		☐ ☐
내가 어떻게 하는 건지 너에게 가르쳐줄게.	弄		☐ ☐
네가 어떻게 가는 건지 나에게 가르쳐줘.	走		☐ ☐
네가 그에게 어떻게 그리는 건지 가르쳐줘.	画		☐ ☐
내가 어떻게 설치하는 건지 너에게 가르쳐줄게.	安装		☐ ☐
네가 어떻게 켜는 건지 나에게 가르쳐줘.	打开		☐ ☐
네가 어떻게 사용하는 건지 내게 가르쳐줘.	使用		☐ ☐
네가 어떻게 다운로드하는 건지 걔한테 가르쳐줘.	下载		☐ ☐
다행히 난 예전에 배운 적 있어. 어떻게 부르는지 너에게 가르쳐줄게.	还好		☐ ☐
이건 좀 복잡해. 내가 어떻게 여는 건지 너에게 가르쳐줄게.	复杂		☐ ☐

有(/没有) A …

~할(/하는) A가 있다(/없다)

⊘ 특정 행위를 한 사람이나 특정 상황에 해당하는 대상의
존재 유무를 나타낼 때 사용하는 표현입니다.

STEP 1   중국인은 실생활에서 이렇게 말한다!   🎧 60-01

중국인과 어떻게 대화할지 막막하다고? 패턴을 활용해보자!

> 恭喜恭喜!
> Gōngxǐ gōngxǐ!
> 听说有人喜欢你啊!
> Tīngshuō yǒu rén xǐhuan nǐ a!

> 别逗我了! 我也知道
> Bié dòu wǒ le! Wǒ yě zhīdào
> 没有人喜欢我。
> méiyǒu rén xǐhuan wǒ.

축하해! 널 좋아하는 사람이 있다던데!

나 놀리지마! 날 좋아하는 사람 없다는 거 나도 알아.

恭喜 gōngxǐ 축하하다 | 逗 dòu 통 놀리다

실생활에서 접할 수 있는 여러 가지 상황을 생각하며 패턴을 훈련하자!

상황 01	언제?	급하게 집으로 가는 중
	누구에게?	택배기사님에게

나 기사님! 집에 택배 받을 사람이 없어요.

师傅! 家里没有人接快递,
Shīfu! Jiā li méiyǒu rén jiē kuàidì,

잠시 후에 와주세요!

待会儿再来吧!
dāi huìr zài lái ba!

상황 02	어디서?	유료 주차장에서
	누구에게?	관리인에게

운전 초보 기사님, 주차할 곳이 있나요? 저쪽은 세울 장소가 없어요.

师傅，有地方停车吗? 那儿没有地方停。
Shīfu, yǒu dìfang tíngchē ma? Nàr méiyǒu dìfang tíng.

상황 03	무엇을 하며?	친구의 꽃단장을 도와주며
	누구에게?	솔로 친구에게

친구 너에게 소개 시켜줄 남자 분이 있어.

有一个男人给你介绍一下,
Yǒu yí ge nánrén gěi nǐ jièshào yíxià,

넌 이 기회를 잡아야 해!

你要抓住这机会!
nǐ yào zhuāzhù zhè jīhuì!

待会儿 dāi huìr 잠시 후에 | 停车 tíngchē 동 주차하다 | 抓住 zhuāzhù 동 잡다

10가지 활용 예문을 입에 착 붙도록 말해보자!

1 我最近没钱花。   Wǒ zuìjìn méi qián huā.

2 一直都没有人接电话。   Yìzhí dōu méiyǒu rén jiē diànhuà.

3 我家里没有东西吃。   Wǒ jiā li méiyǒu dōngxi chī.

4 教室里没有学生学习。   Jiàoshì li méiyǒu xuéshēng xuéxí.

5 我有事跟你商量。   Wǒ yǒu shì gēn nǐ shāngliang.

6 我没有朋友一起商量。   Wǒ méiyǒu péngyou yìqǐ shāngliang.

7 有一个朋友想追你。   Yǒu yí ge péngyou xiǎng zhuī nǐ.

8 我没有空照顾孩子。   Wǒ méiyǒu kòng zhàogù háizi.

9 稍微等一下！我有话跟你说。   Shāowēi děng yíxià! Wǒ yǒu huà gēn nǐ shuō.

10 我没有东西可以跟你分享。   Wǒ méiyǒu dōngxi kěyǐ gēn nǐ fēnxiǎng.

追 zhuī 동 쫓다, 뒤따르다 | 照顾 zhàogù 동 돌보다 | 分享 fēnxiǎng 동 함께 누리다, 공유하다

STEP 3의 예문을 셀로판지로 가리고 암기하자! 숙지되면 빠른 속도로 훈련하기!

		느린 속도 ▶▶ 빠른 속도

난 요즘 쓸 돈이 없어.　　　　　　　　　花　　□　　□

계속 전화를 받는 사람이 없어.　　　　　接　　□　　□

우리 집엔 먹을 음식이 없어.　　　　　　吃　　□　　□

교실에는 공부하는 학생이 없다.　　　　学习　　□　　□

난 너와 상의할 일이 있어.　　　　　　　商量　　□　　□

나는 함께 상의할 친구가 없어.　　　　　朋友　　□　　□

너에게 대쉬하고 싶어 하는 친구가 한 명 있어.　追　　□　　□

나는 아이들을 돌볼 시간이 없어.　　　　照顾　　□　　□

잠깐 기다려! 너에게 할 말이 있어.　　　话　　□　　□

나는 너랑 함께 나눌 수 있는 것이 하나도 없어.　分享　　□　　□

51

我总觉得…

나는 왠지 ~라는 생각이 들어

- ✅ 나는 왠지 좀 피곤해.
- ✅ 나는 뭔가 좀 이상하다는 생각이 들어.
- ✅ 나는 왠지 걔가 안 올 것 같아.

52

既然 A，那(就)B 吧

기왕에 A했으니 그럼 B해라(/하자)

- ✅ 너는 이왕 갈 거면 빨리 출발해!
- ✅ 기왕에 허락했으니 잘 좀 도와줘.
- ✅ 이왕에 이렇게 됐으니 우리도 포기하자.

60

有(/没有) A …

~할(/하는) A가 있다(/없다)

- ✅ 난 요즘 쓸 돈이 없어.
- ✅ 우리 집엔 먹을 음식이 없어.
- ✅ 잠깐 기다려! 너에게 할 말이 있어.

Pattern 51~60

59

教 A 怎么…

A에게 어떻게 ~하는지 가르쳐주다

- ✅ 내가 어떻게 쓰는 건지 너에게 가르쳐줄게.
- ✅ 네가 어떻게 가는 건지 나에게 가르쳐줘.
- ✅ 내가 어떻게 설치하는 건지 너에게 가르쳐 줄게.

58

为 A 感到…

A로 인해 ~을 느끼다

- ✅ 나는 네가 자랑스러워.
- ✅ 나는 그의 행동 때문에 불안해.
- ✅ 나는 이번 결과 때문에 마음이 조급해.

53

装 …

~한 척하다

- ✔ 너는 아픈 척 좀 하지 마.
- ✔ 너는 일부러 모르는 척하지 마.
- ✔ 그는 걸핏하면 못 들은 척을 해.

54

好几天都没有 …

꽤 오랫동안 ~하지 않았어

- ✔ 우리는 꽤 오랫동안 만나지 않았어.
- ✔ 그는 꽤 오랫동안 집에 돌아가지 않았어.
- ✔ 나는 꽤 여러 날 동안 뭘 먹지 않았어.

내 문장으로 만들기!

55

我跟 A 约好了 …

나는 A와 ~하기로 약속했어

- ✔ 나는 그와 함께 등교하기로 약속했어.
- ✔ 나는 그와 오늘 술 한잔 같이 하기로 약속했어.
- ✔ 나는 친구와 함께 가기로 이미 약속했어.

57

跟 A 相比

A와 비교하면

- ✔ 그와 비교해서 내 키는 훨씬 커.
- ✔ 중국과 비교했을 때 한국이 훨씬 추워.
- ✔ 상하이와 비교해서 베이징의 날씨가 더 건조해.

56

说好了 …

~하기로 약속했어

- ✔ 그는 내일 가기로 약속했어.
- ✔ 그는 나에게 밥을 쏜다고 약속했어.
- ✔ 너는 오늘 오겠다고 약속하지 않았어?

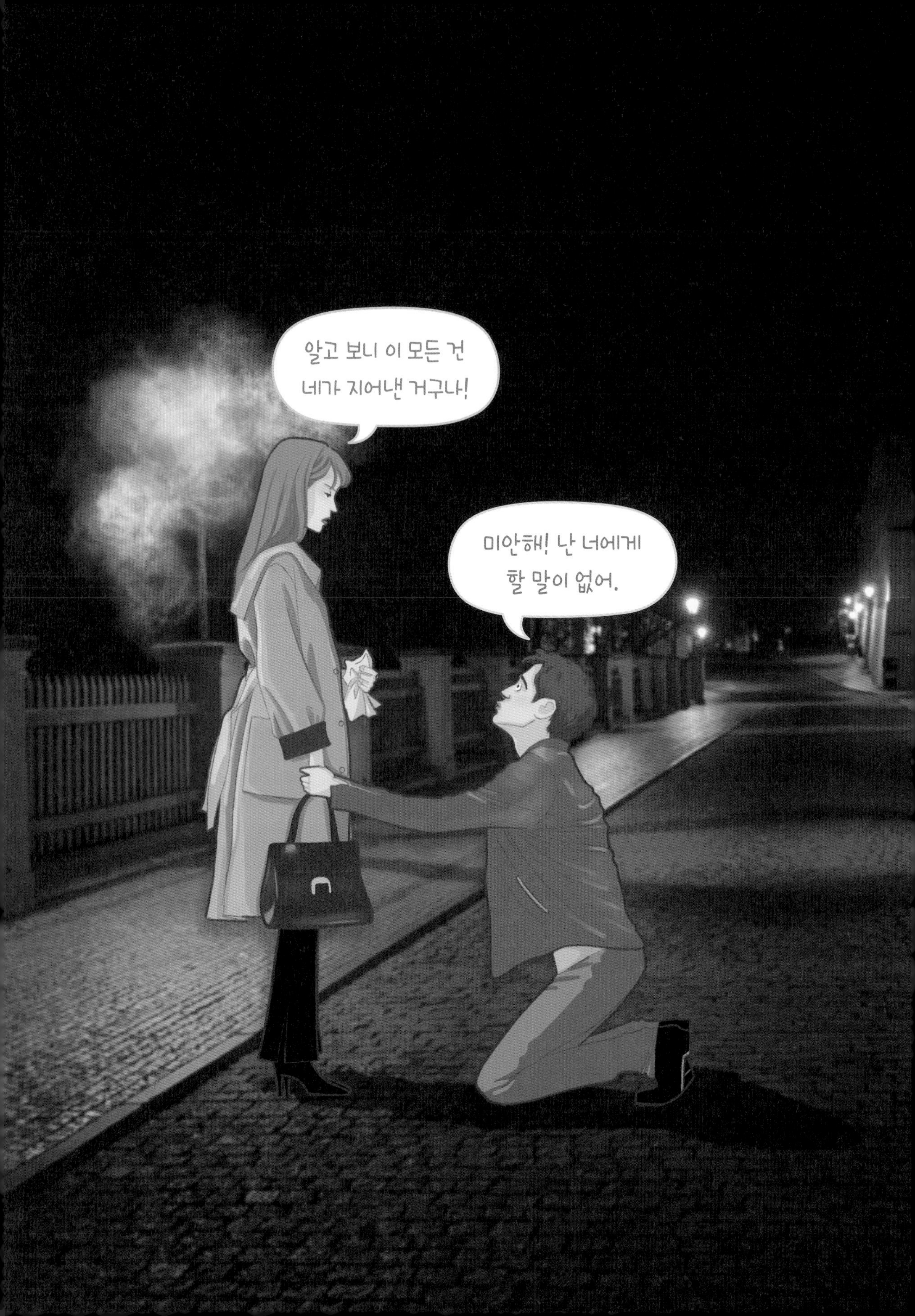
알고 보니 이 모든 건 네가 지어낸 거구나!
미안해! 난 너에게 할 말이 없어.

Pattern 61~70

Pattern 61

◀ 패턴 61 음성 강의

你知道 A 多 … 吗?

너는 A가 얼마나 ~한지 알아?

✅ 상대방에게 사람이나 사물의 어떠한 정도를 아는지 물을 때 사용하는 표현입니다.

STEP 1 중국인은 실생활에서 이렇게 말한다! 🎧 61-01

중국인과 어떻게 대화할지 막막하다고? 패턴을 활용해보자!

去哪儿了? 你知道
Qù nǎr le? Nǐ zhīdào
我多担心你吗?
wǒ duō dānxīn nǐ ma?

对不起! 我下次
Duìbuqǐ! Wǒ xià cì
不会了, 消消气!
bú huì le, xiāoxiāo qì!

⭐ 消消气! [회화체] 화 풀어!
Xiāoxiāo qì!

어디 갔었어? 넌 내가 널 얼마나 걱정했는지 알아?   미안해! 난 다음부터는 안 그럴게! 화 풀어!

실생활에서 접할 수 있는 여러 가지 상황을 생각하며 패턴을 훈련하자!

상황 01	언제?	이사 짐 옮기는 중
	누구에게?	친구에게

친구 나 혼자서는 안 돼! 넌 이게 얼마나 무거운 줄 알아?

我一个人不行! 你知道这个多沉吗?

Wǒ yí ge rén bù xíng! Nǐ zhīdào zhège duō chén ma?

상황 02	언제?	동창회에서 남편 자랑 중
	누구에게?	(눈치 없이) 아직 미혼인 친구에게

친구 넌 우리 남편이 얼마나 자상한지 아니?

你知道我老公多体贴吗?

Nǐ zhīdào wǒ lǎogōng duō tǐtiē ma?

상황 03	언제?	고객 상담 중
	누구에게?	상담원에게

고객 퀼리티가 얼마나 떨어지는지 당신은 알기나 하세요?

你知道质量多差吗?

Nǐ zhīdào zhìliàng duō chà ma?

沉 chén 형 무겁다 | 体贴 tǐtiē 형 자상하다

10가지 활용 예문을 입에 착 붙도록 말해보자!

1 你知道我多疼吗?   Nǐ zhīdào wǒ duō téng ma?

2 你知道她多漂亮吗?   Nǐ zhīdào tā duō piàoliang ma?

3 你知道汉语多难吗?   Nǐ zhīdào Hànyǔ duō nán ma?

4 你知道我最近多忙吗?   Nǐ zhīdào wǒ zuìjìn duō máng ma?

5 你知道问题多严重吗?   Nǐ zhīdào wèntí duō yánzhòng ma?

6 你知道这块手表多贵吗?   Nǐ zhīdào zhè kuài shǒubiǎo duō guì ma?

7 你知道我当时多紧张吗?   Nǐ zhīdào wǒ dāngshí duō jǐnzhāng ma?

8 你知道我当时多丢脸吗?   Nǐ zhīdào wǒ dāngshí duō diūliǎn ma?

9 你知道妈妈多想念你吗?   Nǐ zhīdào māma duō xiǎngniàn nǐ ma?

10 你知道我那一天多伤心吗?   Nǐ zhīdào wǒ nà yì tiān duō shāngxīn ma?

块 kuài 양 (손목시계 등의) 덩어리·조각을 세는 단위 | 丢脸 diūliǎn 동 체면이 깎이다 | 想念 xiǎngniàn 동 그리워하다

STEP 3의 예문을 셀로판지로 가리고 암기하자! 숙지되면 빠른 속도로 훈련하기!

		느린 속도 ≫ 빠른 속도
너는 내가 얼마나 아픈지 알아?	疼	☐ ☐
너는 그녀가 얼마나 예쁜지 아니?	漂亮	☐ ☐
너는 중국어가 얼마나 어려운지 아냐?	难	☐ ☐
넌 내가 요즘 얼마나 바쁜지 알아?	忙	☐ ☐
넌 문제가 얼마나 심각한지 알아?	严重	☐ ☐
넌 이 손목시계가 얼마나 비싼지 알아?	手表	☐ ☐
넌 내가 그때 얼마나 긴장했는지 알아?	紧张	☐ ☐
넌 내가 그때 얼마나 무안했는지 알아?	丢脸	☐ ☐
너는 엄마가 널 얼마나 그리워하는지 알아?	想念	☐ ☐
너는 그 날 내가 얼마나 슬펐는지 알아?	伤心	☐ ☐

◀ 패턴 62 음성 강의

是世界上最 ⋯ 的 A

세상에서 가장 ~한 A야

⊘ 주어가 세상에서 가장 어떠함을 말할 때 사용하는 표현입니다.

STEP 1 중국인은 실생활에서 이렇게 말한다! ∩ 62-01

중국인과 어떻게 대화할지 막막하다고? 패턴을 활용해보자!

我的天哪!
Wǒ de tiān na!

这儿到底有多长啊?
Zhèr dàodǐ yǒu duō cháng a?

这是世界上最长的桥梁!
Zhè shì shìjiè shang zuì cháng de qiáoliáng!

✦ 有多⋯?
얼마나 ~하니?
예 有多重? 얼마나 무거워?
Yǒu duō zhòng?

우와! 여긴 도대체 얼마나 긴 거야?   이건 세상에서 가장 긴 다리야!

桥梁 qiáoliáng 명 교량, 다리

실생활에서 접할 수 있는 여러 가지 상황을 생각하며 패턴을 훈련하자!

상황 01	언제?	여행사와 고객이 통화할 때
	누구에게?	고객에게

직원 그곳은 *세상에서 가장* 아름다운 여행지예요!

那里是世界上最漂亮的景点!
Nàlǐ shì shìjiè shang zuì piàoliang de jǐngdiǎn!

상황 02	언제?	유럽 여행 중
	누구에게?	여행객에게

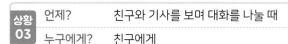

가이드 이곳은 *세상에서 가장* 큰 성당입니다.

这里是世界上最大的教堂,
Zhèlǐ shì shìjiè shang zuì dà de jiàotáng,

안으로 들어가서 한번 보시죠!

进去里面看看吧!
jìnqù lǐmiàn kànkan ba!

상황 03	언제?	친구와 기사를 보며 대화를 나눌 때
	누구에게?	친구에게

친구 이 사람은 *세상에서 가장* 돈이 많은 사람이야. 정말 대단해!

这是世界上最有钱的人, 好厉害啊!
Zhè shì shìjiè shang zuì yǒuqián de rén, hǎo lìhai a!

> ✤ 好…啊 [회화체] 정말 ~하다
> 예 好多啊! 정말 많다!
> Hǎo duō a!

景点 jǐngdiǎn 명 여행지, 명소 | 教堂 jiàotáng 명 성당

10가지 활용 예문을 입에 착 붙도록 말해보자!

1 这是世界上最小的鸟。   Zhè shì shìjiè shang zuì xiǎo de niǎo.

2 这是世界上最快的汽车。   Zhè shì shìjiè shang zuì kuài de qìchē.

3 那是世界上最高的山。   Nà shì shìjiè shang zuì gāo de shān.

4 他是世界上最帅的男人。   Tā shì shìjiè shang zuì shuài de nánrén.

5 汉语是世界上最难的语言。   Hànyǔ shì shìjiè shang zuì nán de yǔyán.

6 他是世界上最聪明的人。   Tā shì shìjiè shang zuì cōngmíng de rén.

7 这是世界上最贵的项链。   Zhè shì shìjiè shang zuì guì de xiàngliàn.

8 我是世界上最倒霉的人。   Wǒ shì shìjiè shang zuì dǎoméi de rén.

9 我是世界上最幸福的女人。   Wǒ shì shìjiè shang zuì xìngfú de nǚrén.

10 他是世界上最伟大的人物。   Tā shì shìjiè shang zuì wěidà de rénwù.

项链 xiàngliàn 명 목걸이 | 倒霉 dǎoméi 형 재수가 없다 | 伟大 wěidà 형 위대하다 | 人物 rénwù 명 인물

STEP 3의 예문을 셀로판지로 가리고 암기하자! 숙지되면 빠른 속도로 훈련하기!

			느린 속도 ➤➤ 빠른 속도

이것은 세상에서 가장 작은 새야.   鸟   ☐   ☐

이것은 세상에서 가장 빠른 자동차야.   汽车   ☐   ☐

그것은 세상에서 가장 높은 산이야.   山   ☐   ☐

그는 세상에서 가장 잘생긴 남자야.   帅   ☐   ☐

중국어는 세상에서 가장 어려운 언어이다.   语言   ☐   ☐

그는 세상에서 가장 똑똑한 사람이다.   聪明   ☐   ☐

이것은 세상에서 가장 비싼 목걸이야.   项链   ☐   ☐

난 세상에서 가장 재수가 없는 사람이야.   倒霉   ☐   ☐

나는 세상에서 가장 행복한 여자야.   幸福   ☐   ☐

그는 세상에서 가장 위대한 인물입니다.   伟大   ☐   ☐

Pattern 63

 ◀ 패턴 63 음성 강의

这一切都是···

이 모든 것은 다 ~이야

✅ 상황이나 사물의 모든 것이 전부 어떻다는 사실을 말할 때 사용합니다.

STEP 1 중국인은 실생활에서 이렇게 말한다! 🎧 63-01

중국인과 어떻게 대화할지 막막하다고? 패턴을 활용해보자!

原来这一切都是你编的!
Yuánlái zhè yíqiè dōu shì nǐ biān de!

对不起!
Duìbuqǐ!
我没话跟你说。
Wǒ méi huà gēn nǐ shuō.

알고 보니 이 모든 건 네가 지어낸 거구나!

미안해! 난 너에게 할 말이 없어.

原来 yuánlái 부 알고 보니, 원래 | 编 biān 동 (말을) 엮다, 지어내다

실생활에서 접할 수 있는 여러 가지 상황을 생각하며 패턴을 훈련하자!

| 상황 01 | 어디서? | 회사에서 |
| | 누구에게? | 멋지게 일을 처리한 부하직원에게 |

사장 이 모든 것은 **당신의 공로**입니다! 자, 보너스예요!

这一切都是你的功劳! 来，这是奖金!
Zhè yíqiè dōu shì nǐ de gōngláo! Lái, zhè shì jiǎngjīn!

| 상황 02 | 언제? | 회사에서 억울한 일을 당했을 때 |
| | 누구에게? | 부장님에게 |

직원 절 좀 믿어주세요! 이 모든 것은 다 **오해**입니다.

请您相信我吧! 这一切都是误会。
Qǐng nín xiāngxìn wǒ ba! Zhè yíqiè dōu shì wùhuì.

| 상황 03 | 언제? | 친구와 상담 중 |
| | 누구에게? | 갈팡질팡 고민하는 친구에게 |

친구 이 모든 것은 **너의 선택**이잖아.

这一切都是你的选择嘛。
Zhè yíqiè dōu shì nǐ de xuǎnzé ma.

功劳 gōngláo 명 공로 | 奖金 jiǎngjīn 명 보너스, 상여금

10가지 활용 예문을 입에 착 붙도록 말해보자!

1 这一切都是假的。   Zhè yíqiè dōu shì jiǎ de.

2 这一切都是他做的。   Zhè yíqiè dōu shì tā zuò de.

3 这一切都是我的错。   Zhè yíqiè dōu shì wǒ de cuò.

4 这一切都是借来的。   Zhè yíqiè dōu shì jièlái de.

5 这一切都是提前准备的。   Zhè yíqiè dōu shì tíqián zhǔnbèi de.

6 这一切都是我为你准备的。   Zhè yíqiè dōu shì wǒ wèi nǐ zhǔnbèi de.

7 这一切都是他自己策划的。   Zhè yíqiè dōu shì tā zìjǐ cèhuà de.

8 这一切都是公司给我安排的。   Zhè yíqiè dōu shì gōngsī gěi wǒ ānpái de.

9 原来这一切都是你跟他一起做的。   Yuánlái zhè yíqiè dōu shì nǐ gēn tā yìqǐ zuò de.

10 我才知道这一切都是他的帮助。   Wǒ cái zhīdào zhè yíqiè dōu shì tā de bāngzhù.

策划 cèhuà 동 계획하다 | ✦ 才知道 회화체 이제서야(비로소) 알게 되다 (예: 我才知道他是韩国人。 나는 이제서야 그가 한국인인 것을 알게 되었다.)

STEP 3의 예문을 셀로판지로 가리고 암기하자! 숙지되면 빠른 속도로 훈련하기!

느린 속도 >> 빠른 속도

이 모든 것은 다 가짜야. — 假

이 모든 것은 다 그가 한 거야. — 做

이 모든 것은 다 내 실수야. — 错

이 모든 것은 다 빌려온 거야. — 借来

이 모든 것은 다 미리 준비해둔 거야. — 准备

이 모든 것은 다 내가 널 위해 준비한 거야. — 准备

이 모든 것은 그가 혼자서 계획한 거야. — 策划

이 모든 것은 회사가 저에게 배정한 거예요. — 安排

알고 보니 이 모든 것은 네가 그와 함께 한 거였구나. — 原来

나는 이제서야 이 모든 것이 그의 도움이었다는 것을 알았다. — 知道

Pattern 64

连A都(/也)B

A조차도 B하다

☑ 어떤 명사나 동작조차도 무언가를 했음을 강조할 때 사용합니다.
B자리에는 부정형이 오는 경우가 많습니다.

STEP 1 중국인은 실생활에서 이렇게 말한다! 🎧 64-01

중국인과 어떻게 대화할지 막막하다고? 패턴을 활용해보자!

你们俩之前不是闺蜜吗?
Nǐmen liǎ zhīqián bú shì guīmì ma?

闺蜜个屁，她连我的
Guīmì ge pì, tā lián wǒ de
名字都不记得了。
míngzi dōu bú jìde le.

✗ …个屁
[회화체] ~은 무슨, ~은 개뿔
예 懂个屁! 알기는 개뿔!
Dǒng ge pì!

너희 둘 예전에 절친이지 않나?

절친은 무슨? 걔는 내 이름조차도 기억하지 못하더라.

闺蜜 guīmì 명 (여자 친구들 사이의) 절친 | 记得 jìde 동 기억하고 있다

실생활에서 접할 수 있는 여러 가지 상황을 생각하며 패턴을 훈련하자!

상황 01	어디서?	회사에서
	누구에게?	계약서를 엉망으로 작성한 직원에게

부장 당신은 이런 간단한 규정조차도 모르나요?

你连这么简单的规矩都不懂吗?

Nǐ lián zhème jiǎndān de guīju dōu bù dǒng ma?

상황 02	어디서?	병원에서
	누구에게?	의사 선생님에게

환자 저는 요 며칠 동안 물조차도 마시고 싶지 않아요.

我这几天连水也不想喝。

Wǒ zhè jǐ tiān lián shuǐ yě bù xiǎng hē.

상황 03	언제?	친구와 커피숍에서 이야기할 때
	누구에게?	사귄 지 한 달 만에 결혼한다는 친구에게

친구 너는 그의 부모님조차도 못 봤는데,

你连他的父母都没见过,

Nǐ lián tā de fùmǔ dōu méi jiànguo,

어떻게 그의 프로포즈를 받아들일 수 있어?

怎么能接受他的求婚呢?

zěnme néng jiēshòu tā de qiúhūn ne?

规矩 guīju 명 규칙, 규정 | 求婚 qiúhūn 명 프로포즈 동 청혼하다

10가지 활용 예문을 입에 착 붙도록 말해보자!

1 连饭都没吃。

Lián fàn dōu méi chī.

2 他连父母都不帮。

Tā lián fùmǔ dōu bù bāng.

3 她连孩子都不照顾。

Tā lián háizi dōu bú zhàogù.

4 连吃饭的时间也没有。

Lián chīfàn de shíjiān yě méiyǒu.

5 他连一个亲戚都没有。

Tā lián yí ge qīnqi dōu méiyǒu.

6 她连基本的礼貌都没有。

Tā lián jīběn de lǐmào dōu méiyǒu.

7 我连吃饭的力气都没有。

Wǒ lián chīfàn de lìqi dōu méiyǒu.

8 他的话连女友也不支持。

Tā de huà lián nǚyǒu yě bù zhīchí.

9 他去哪儿连他的妈妈都不知道。

Tā qù nǎr lián tā de māma dōu bù zhīdào.

10 我忙得连睡觉的时间也没有。

Wǒ máng de lián shuìjiào de shíjiān yě méiyǒu.

亲戚 qīnqi 명 친척 | 基本 jīběn 형 기본적인 | 礼貌 lǐmào 명 예의 형 예의바르다 | 力气 lìqi 명 힘, 체력

STEP 3의 예문을 셀로판지로 가리고 암기하자! 숙지되면 빠른 속도로 훈련하기!

		느린 속도 ≫ 빠른 속도
밥도 안 먹었다.	饭	☐ ☐
그는 부모님조차도 도와주지 않아.	父母	☐ ☐
그녀는 아이들조차도 돌보지 않아.	照顾	☐ ☐
밥 먹을 시간조차도 없어.	时间	☐ ☐
그는 친척 한 명조차도 없어.	亲戚	☐ ☐
그녀는 기본적인 예의조차도 없어.	礼貌	☐ ☐
나는 밥 먹을 힘조차도 없어.	力气	☐ ☐
그의 말은 여자 친구조차도 지지해주지 않아.	支持	☐ ☐
걔가 어디 갔는지는 걔네 엄마조차도 모르더라.	不知道	☐ ☐
나는 잘 시간조차도 없을 정도로 바빠.	睡觉	☐ ☐

Pattern 65

◀ 패턴 65 음성 강의

明明 …, 앞부분과 반대 내용

분명히 ~한데, ~하다

✅ 어떤 분명한 사실 뒤에 반대되는 행위 혹은 상황이 이어졌을 때 사용합니다.

STEP 1   중국인은 실생활에서 이렇게 말한다! 🎧 65-01

중국인과 어떻게 대화할지 막막하다고? 패턴을 활용해보자!

你的脸色不太好，
Nǐ de liǎnsè bú tài hǎo,

有心事吗?
yǒu xīnshì ma?

我明明告诉过男朋友
Wǒ míngmíng gàosu guo nán péngyou

今天是我生日，但他…。
jīntiān shì wǒ shēngrì, dàn tā….

너 얼굴색이 별로 안 좋은데, 무슨 걱정 있어?

내가 남친한테 분명히 오늘 내 생일이라고 말했는데, 걔는….

脸色 liǎnsè 명 얼굴색 | 心事 xīnshì 명 걱정거리

실생활에서 접할 수 있는 여러 가지 상황을 생각하며 패턴을 훈련하자!

상황 01	어디서?	택시에서
	누구에게?	이상한 길로 가는 기사님에게

손님 제가 분명히 고속도로로 가자고 말씀드렸는데….

我明明跟你说过咱们走高速公路…。
Wǒ míngmíng gēn nǐ shuōguo zánmen zǒu gāosù gōnglù….

상황 02	언제?	이사를 갈 무렵
	누구에게?	집주인에게

세입자 집주인 아저씨! 아저씨가 분명히 제 돈 돌려준다고 했잖아요.

房东叔叔! 你明明说过钱会退给我的。
Fángdōng shūshu! Nǐ míngmíng shuōguo qián huì tuì gěi wǒ de.

상황 03	언제?	친구와 대화 중
	누구에게?	급하게 결혼한다는 친구에게

절친 그녀는 분명히 네 스타일이 아닌데,

她明明不是你的类型,
Tā míngmíng bú shì nǐ de lèixíng,

넌 왜 그녀랑 결혼하려는 거야?

你为什么要跟她结婚?
nǐ wèi shénme yào gēn tā jiéhūn?

高速公路 gāosù gōnglù 명 고속도로 | 房东 fángdōng 명 집주인 | 退 tuì 동 돌려주다

10가지 활용 예문을 입에 착 붙도록 말해보자!

1 我**明明**跟你说过…。

Wǒ míngmíng gēn nǐ shuōguo….

2 我**明明**学过，但不记得了。

Wǒ míngmíng xuéguo,
dàn bú jìde le.

3 **明明**是他的错可是他怪我。

Míngmíng shì tā de cuò kěshì tā guài
wǒ.

4 **明明**是你的责任，怎么不承认？

Míngmíng shì nǐ de zérèn,
zěnme bù chéngrèn?

5 这**明明**是我的，但他拿走了。

Zhè míngmíng shì wǒ de,
dàn tā názǒu le.

6 他**明明**知道，但一直装不知道。

Tā míngmíng zhīdào,
dàn yìzhí zhuāng bù zhīdào.

7 你**明明**喜欢他，为什么不结婚？

Nǐ míngmíng xǐhuan tā,
wèi shéme bù jiéhūn?

8 我**明明**看到他了，但他去哪儿了？

Wǒ míngmíng kàndào tā le,
dàn tā qù nǎr le?

9 你**明明**吃了，但你为什么说没吃呢？

Nǐ míngmíng chī le,
dàn nǐ wèi shéme shuō méi chī ne?

10 他**明明**知道我没钱，但他让我结账。

Tā míngmíng zhīdào wǒ méi qián,
dàn tā ràng wǒ jiézhàng.

怪 guài 동 탓하다 | 责任 zérèn 명 책임

STEP 3의 예문을 셀로판지로 가리고 암기하자! 숙지되면 빠른 속도로 훈련하기!

		느린 속도 ≫ 빠른 속도
난 분명히 너한테 말했는데….	说过	☐ ☐
난 분명히 배웠는데 기억이 안 나.	学过	☐ ☐
분명히 걔 잘못인데 그는 내 탓을 해.	怪	☐ ☐
분명히 네 책임인데 왜 인정을 안 해?	责任	☐ ☐
이건 분명히 내 건데, 근데 걔가 가져갔어.	我的	☐ ☐
그는 분명히 알면서도 계속 모르는 척해.	知道	☐ ☐
너 분명히 걔를 좋아하는데 왜 결혼 안 해?	喜欢	☐ ☐
난 분명히 걔를 봤는데, 걔는 어디 갔지?	看到	☐ ☐
너는 분명히 먹었는데 왜 안 먹었다고 말해?	吃	☐ ☐
걔는 분명히 내가 돈이 없는 걸 알면서도 나에게 계산하라고 해.	没钱	☐ ☐

怎么(…)也 + 부정형

아무리 (~)해도 ~할 수 없어(/하지 않아)

✓ 어떤 방법으로도 무언가를 하지 않거나 할 수 없음을 강조할 때 사용합니다.

STEP 1 중국인은 실생활에서 이렇게 말한다! 🎧 66-01

중국인과 어떻게 대화할지 막막하다고? 패턴을 활용해보자!

你为什么要放弃学习呢?
Nǐ wèi shénme yào fàngqì xuéxí ne?

不觉得丢人吗?
Bù juéde diūrén ma?

我怎么学也学不会…。
Wǒ zěnme xué yě xuébuhuì….

넌 왜 배우는 것을 포기하려고 해? 창피하지 않아?

난 아무리 배워도 모르겠어….

丢人 diūrén 통 창피하다 | 学不会 xuébuhuì 마스터할 수 없다

실생활에서 접할 수 있는 여러 가지 상황을 생각하며 패턴을 훈련하자!

| 상황 01 | 언제? | 도움을 청하는 중 |
| | 누구에게? | 친구에게 |

친구 자기야! 난 아무리 생각해도 생각이 안 나!

亲爱的! 我怎么想也想不出来!
Qīn'ài de! Wǒ zěnme xiǎng yě xiǎng bu chūlái!

| 상황 02 | 언제? | 이사를 도와주는 중 |
| | 누구에게? | 이사하는 친구에게 |

친구 이 안에 담은 게 뭐야? 아무리 해도 옮길 수가 없어.

这里面装的是什么? 怎么也搬不动。
Zhè lǐmiàn zhuāng de shì shénme? Zěnme yě bānbudòng.

| 상황 03 | 어디서? | 중국 식당에서 |
| | 누구에게? | 중국인 친구에게 |

한국 친구 이 고수는, 난 아무리 먹어도 습관이 안 돼서 못 먹겠어.

这香菜, 我怎么吃也吃不惯。
Zhè xiāngcài, wǒ zěnme chī yě chībuguàn.

> ✴ **가능보어의 용법**
> '가능보어'는 일반적으로 '동사 + 得/不 + 보어' 구조로 이루어집니다. 중간에 '得'가 들어갈 경우엔 '~할 수 있다'라는 가능을
> 나타내며, 반대로 '不'가 들어갈 경우는 '~할 수 없다'라는 불가능을 나타냅니다.
> 예 看得懂(보고 이해할 수 있다) ⟷ 看不懂(보고 이해할 수 없다) / 买得到(살 수 있다) ⟷ 买不到(살 수 없다)

想不出来 xiǎng bu chūlái 생각해낼 수 없다 | 搬不动 bānbudòng (무거워서) 옮길 수 없다 | 香菜 xiāngcài 명
고수 [채소] | 吃不惯 chībuguàn (습관이 안 되어서) 먹을 수 없다

10가지 활용 예문을 입에 착 붙도록 말해보자!

1 怎么说也不听。   Zěnme shuō yě bù tīng.

2 怎么也不明白。   Zěnme yě bù míngbai.

3 怎么找也找不到。   Zěnme zhǎo yě zhǎobudào.

4 他怎么说也听不懂。   Tā zěnme shuō yě tīngbudǒng.

5 他怎么打也不生气。   Tā zěnme dǎ yě bù shēngqì.

6 这门，怎么也打不开。   Zhè mén, zěnme yě dǎbukāi.

7 我怎么也说不过他。   Wǒ zěnme yě shuōbuguò tā.

8 我怎么劝他，他也不听。   Wǒ zěnme quàn tā, tā yě bù tīng.

9 他怎么教我，我也不明白。   Tā zěnme jiāo wǒ, wǒ yě bù míngbai.

10 我请他来，他怎么也不肯来。   Wǒ qǐng tā lái, tā zěnme yě bù kěn lái.

找不到 zhǎobudào 찾을 수 없다 | 打不开 dǎbukāi 열 수 없다 | 说不过 shuōbuguò 말로 이길 수 없다 |
劝 quàn 동 권하다, 충고하다 | 肯 kěn 동 기꺼이 ~하려고 하다

STEP 3의 예문을 셀로판지로 가리고 암기하자! 숙지되면 빠른 속도로 훈련하기!

		느린 속도 ≫ 빠른 속도
아무리 말해도 듣지 않아.	听	☐ ☐
아무리 해도 이해할 수가 없어.	明白	☐ ☐
아무리 찾아도 찾을 수 없어.	找不到	☐ ☐
그는 아무리 말해도 알아듣지 못해.	听不懂	☐ ☐
그는 아무리 때려도 화를 내지 않아.	生气	☐ ☐
이 문은 아무리 해도 열 수가 없어.	打不开	☐ ☐
나는 아무리 해도 그를 말로 이길 수 없어.	说不过	☐ ☐
내가 아무리 그를 설득해도 그는 듣지 않아.	劝	☐ ☐
그가 나를 아무리 가르쳐도 나는 이해가 안 돼.	明白	☐ ☐
나는 그에게 오라고 하는데, 그는 어떻게 해도 오려고 하지 않아.	肯	☐ ☐

Pattern 67

◀ 패턴 67 음성 강의

A 离 B…

A는 B로부터의 거리가 ~하다

✅ 구체적인 장소나 시점의 거리를 표현할 때 사용합니다.

STEP 1 중국인은 실생활에서 이렇게 말한다!   ∩ 67-01

중국인과 어떻게 대화할지 막막하다고? 패턴을 활용해보자!

现在离上课时间
Xiànzài lí shàngkè shíjiān
只有五分钟!
zhǐ yǒu wǔ fēnzhōng!

如果今天也迟到,
Rúguǒ jīntiān yě chídào,
我们就完蛋了!
wǒmen jiù wándàn le!

지금 수업 시간까지 5분 밖에 안 남았어!   오늘도 지각하면 우리는 끝장 나!

只有 zhǐyǒu 접 오직 ~만 있다 | 完蛋 wándàn 동 망하다, 끝장나다

실생활에서 접할 수 있는 여러 가지 상황을 생각하며 패턴을 훈련하자!

상황 01	어디서?	택시에서
	누구에게?	기사님에게

승객 빨리 가주세요! 출근 시간까지 10분 밖에 안 남았어요!

快点儿吧! 离上班时间只有十分钟了!

Kuài diǎnr ba! Lí shàngbān shíjiān zhǐ yǒu shí fēnzhōng le!

상황 02	어디서?	학교에서
	누구에게?	공부 안 하는 친구에게

친구 기말고사까지 딱 이틀 남았어.

离期末考试只有两天,

Lí qīmò kǎoshì zhǐ yǒu liǎng tiān,

너 이렇게 하면 합격 못 해!

你这样不会及格的!

nǐ zhèyàng bú huì jígé de!

상황 03	어디서?	회사 사무실에서
	누구에게?	달력을 보고 있는 동료에게

동료 월급날까지 얼마나 남았지?

离发工资还有几天?

Lí fā gōngzī hái yǒu jǐ tiān?

期末考试 qīmò kǎoshì 몡 기말고사 | 及格 jígé 동 합격하다 | 工资 gōngzī 몡 월급

10가지 활용 예문을 입에 착 붙도록 말해보자!

1 学校离这儿很远。 Xuéxiào lí zhèr hěn yuǎn.

2 你家离这儿近吗? Nǐ jiā lí zhèr jìn ma?

3 医院离这儿多远? Yīyuàn lí zhèr duō yuǎn?

4 离生日还有三天。 Lí shēngrì hái yǒu sān tiān.

5 离春节只有半个月。 Lí Chūn Jié zhǐyǒu bàn ge yuè.

6 离出发还有十分钟。 Lí chūfā hái yǒu shí fēnzhōng.

7 我们离成功不远。 Wǒmen lí chénggōng bù yuǎn.

8 离太阳出来还早着呢。 Lí tàiyáng chūlái hái zǎozhe ne.

9 咱们走着去吧! 那儿离这儿很近。 Zánmen zǒuzhe qù ba!
Nàr lí zhèr hěn jìn.

10 离登机还有十分钟, 我去一趟厕所! Lí dēngjī hái yǒu shí fēnzhōng,
wǒ qù yí tàng cèsuǒ!

春节 Chūn Jié 명 춘지에, 춘절(설날) | 太阳 tàiyáng 명 해, 태양 | 趟 tàng 동량 한 번 [오고 가는 왕복의 횟수를 나타냄]

STEP 3의 예문을 셀로판지로 가리고 암기하자! 숙지되면 빠른 속도로 훈련하기!

느린 속도 »» 빠른 속도

학교는 여기에서 멀어.	远	☐ ☐
너희 집은 여기에서 가까워?	近	☐ ☐
병원은 여기에서 얼마나 먼가요?	多远	☐ ☐
생일까지 아직 3일 남았어.	生日	☐ ☐
춘지에까지 보름 밖에 남지 않았어.	春节	☐ ☐
출발하기까지 아직 10분 남았어.	出发	☐ ☐
우리는 성공까지 멀지 않았어.	成功	☐ ☐
해 뜰 때까지는 아직 멀었어.	太阳	☐ ☐
우리 걸어가자! 거긴 여기서 매우 가까워.	很近	☐ ☐
탑승까지 아직 10분 남았어. 나 화장실 갔다 올게!	登机	☐ ☐

Pattern 68

◀ 패턴 68 음성 강의

越来越 …

갈수록 ~해

☑ 시간의 흐름에 따라 점점 변해가는 상황을 표현할 때 사용합니다.

STEP 1 중국인은 실생활에서 이렇게 말한다! 🎧 68-01

중국인과 어떻게 대화할지 막막하다고? 패턴을 활용해보자!

我没想到韩国也有雾霾。
Wǒ méi xiǎngdào Hánguó yě yǒu wùmái.

近几年雾霾天气越来越严重。
Jìn jǐ nián wùmái tiānqì yuèláiyuè yánzhòng.

한국에도 미세먼지가 있을 거라고는 생각하지 못했어.

요 몇 년 동안 미세먼지 낀 날씨가 갈수록 심해지고 있어.

没想到 méi xiǎngdào 생각지 못하다, 뜻밖이다 | 雾霾 wùmái 명 미세먼지

실생활에서 접할 수 있는 여러 가지 상황을 생각하며 패턴을 훈련하자!

상황 01	어디서?	집에서
	누구에게?	옷을 얇게 입고 나가려는 딸에게

엄마 기온이 점점 떨어지니 옷을 더 입어!

气温越来越低了，多穿点衣服!
Qìwēn yuèláiyuè dī le, duō chuān diǎn yīfu!

상황 02	언제?	학교에서 학부모 상담 중
	누구에게?	학부모님에게

담임 교사 수정이 성적이 갈수록 떨어지고 있어요.

秀贞她的成绩越来越差了。
Xiùzhēn tā de chéngjì yuèláiyuè chà le.

상황 03	어디서?	사람이 북적이는 마트에서
	누구에게?	마트 사장님에게

단골 손님 사장님, 축하드려요! 마트 장사가 갈수록 잘 되네요!

老板，恭喜您! 这超市生意越来越火啊!
Lǎobǎn, gōngxǐ nín! Zhè chāoshì shēngyì yuèláiyuè huǒ a!

气温 qìwēn 몡 기온 | 超市 chāoshì 몡 마트 | 生意 shēngyì 몡 장사, 영업 | 火 huǒ 혱 (장사 등이) 잘 되다, 인기 있다

10가지 활용 예문을 입에 착 붙도록 말해보자!

1 问题**越来越**多。 Wèntí yuèláiyuè duō.

2 他的脾气**越来越**坏。 Tā de píqì yuèláiyuè huài.

3 她长得**越来越**漂亮。 Tā zhǎng de yuèláiyuè piàoliang.

4 风刮得**越来越**大了。 Fēng guā de yuèláiyuè dà le.

5 他的汉语水平**越来越**高。 Tā de Hànyǔ shuǐpíng yuèláiyuè gāo.

6 女儿的成绩**越来越**差。 Nǚ'ér de chéngjì yuèláiyuè chà.

7 中国的发展速度**越来越**快。 Zhōngguó de fāzhǎn sùdù yuèláiyuè kuài.

8 没想到他的健康**越来越**不好。 Méi xiǎngdào tā de jiànkāng yuèláiyuè bù hǎo.

9 他的学习表现**越来越**好了。 Tā de xuéxí biǎoxiàn yuèláiyuè hǎo le.

10 **越来越**多的人喜欢他。 Yuèláiyuè duō de rén xǐhuan tā.

刮 guā 통 불다, (칼날로) 깎다, 밀다 | 发展 fāzhǎn 명 발전 통 발전하다 | 表现 biǎoxiàn 명 태도, 표현 통 표현하다

STEP 3의 예문을 셀로판지로 가리고 암기하자! 숙지되면 빠른 속도로 훈련하기!

		느린 속도 ▶▶ 빠른 속도
문제가 갈수록 많아진다.	问题	☐ ☐
그의 성격이 갈수록 나빠져요.	脾气	☐ ☐
그녀는 갈수록 예뻐져요.	长得	☐ ☐
바람이 갈수록 더 심하게 불어요.	刮	☐ ☐
그의 중국어 수준은 갈수록 좋아진다.	水平	☐ ☐
딸의 성적이 갈수록 떨어져요.	成绩	☐ ☐
중국의 발전 속도는 갈수록 빨라진다.	发展	☐ ☐
뜻밖에도 그의 건강이 갈수록 나빠진다.	健康	☐ ☐
그의 학습 태도가 갈수록 좋아진다.	表现	☐ ☐
갈수록 많은 사람들이 그를 좋아해요.	喜欢	☐ ☐

Pattern 69

◀ 패턴 69 음성 강의

동사 + 不了

ⓥ 할 수 없어

✅ 여러 가지 이유로 인해 무언가를 할 수 없을 때 가장 자주 사용하는 보어 형태입니다.

STEP 1 중국인은 실생활에서 이렇게 말한다! 🎧 69-01

중국인과 어떻게 대화할지 막막하다고? 패턴을 활용해보자!

我明天去不了了，希望你谅解。
Wǒ míngtiān qùbuliǎo le, xīwàng nǐ liàngjiě.

你怎么说话不算数呢？
Nǐ zěnme shuōhuà bú suànshù ne?

✦ 문장 + 了 ~하게 됐다 [변화]
예 天气冷了。
Tiānqì lěng le.
날씨가 추워졌어.

✦ 说话算数 shuōhuà suànshù
[회화체] 말하면 꼭 지킨다
↳ 说话不算数
shuōhuà bú suànshù
말하고도 약속을 지키지 않는다

나는 내일 갈 수 없게 됐어. 네가 이해해주길 바란다.   너는 어떻게 약속을 안 지킬 수가 있냐?

谅解 liàngjiě 동 이해하다, 양해하다

실생활에서 접할 수 있는 여러 가지 상황을 생각하며 패턴을 훈련하자!

| 상황 01 | 어디서? | 회사에서 |
| | 누구에게? | 너무 많은 양의 업무를 맡기는 부장님에게 |

대리 이렇게 많은 일을 저 혼자는 할 수 없습니다.

这么多的工作我一个人做不了。

Zhème duō de gōngzuò wǒ yí ge rén zuòbuliǎo.

| 상황 02 | 언제? | 마지막 수업시간에 |
| | 누구에게? | 담임선생님께 |

학생 선생님의 은혜, 전 영원히 잊을 수 없을 거예요.

您的恩惠，我永远忘不了。

Nín de ēnhuì, wǒ yǒngyuǎn wàngbuliǎo.

| 상황 03 | 언제? | 늦은 밤 |
| | 무엇을 하며? | 윗집 문을 두드리며 |

이웃 당신들 너무 시끄러워서 제가 잠을 잘 수가 없어요!

你们太吵了，我睡不了！

Nǐmen tài chǎo le, wǒ shuìbuliǎo!

恩惠 ēnhuì 명 은혜 | 永远 yǒngyuǎn 부 영원히 형 영원하다 | 吵 chǎo 형 시끄럽다

10가지 활용 예문을 입에 착 붙도록 말해보자!

1 我买**不了**。　　Wǒ mǎibuliǎo.

2 我忘**不了**他的帮助。　　Wǒ wàngbuliǎo tā de bāngzhù.

3 我吃**不了**你做的菜。　　Wǒ chībuliǎo nǐ zuò de cài.

4 你的梦想实现**不了**。　　Nǐ de mèngxiǎng shíxiàn buliǎo.

5 他什么都做**不了**。　　Tā shénme dōu zuòbuliǎo.

6 我受伤了所以动**不了**。　　Wǒ shòushāng le suǒyǐ dòngbuliǎo.

7 电脑坏了，用**不了了**。　　Diànnǎo huài le, yòngbuliǎo le.

8 他突然有事来**不了了**。　　Tā tūrán yǒu shì láibuliǎo le.

9 那个足球队能力突出，我们赢**不了**。　　Nàge zúqiú duì nénglì tūchū, wǒmen yíngbuliǎo.

10 我胖了十公斤所以穿**不了**这件衣服。　　Wǒ pàng le shí gōngjīn suǒyǐ chuānbuliǎo zhè jiàn yīfu.

实现 shíxiàn 동 실현하다, 달성하다 | 受伤 shòushāng 동 다치다 | 足球队 zúqiú duì 축구팀 | 突出 tūchū 형
특출나다 | 赢 yíng 동 이기다 | 公斤 gōngjīn 양 킬로그램(kg)

STEP 3의 예문을 셀로판지로 가리고 암기하자! 숙지되면 빠른 속도로 훈련하기!

		느린 속도 ≫ 빠른 속도	
나는 구매할 수가 없어.	买	☐	☐
나는 그의 도움을 잊을 수가 없어.	忘	☐	☐
나는 네가 만든 음식을 먹을 수 없어.	吃	☐	☐
네 꿈은 실현될 수가 없어.	实现	☐	☐
그는 아무것도 할 수가 없어요.	做	☐	☐
나는 다쳐서 움직일 수가 없어.	受伤	☐	☐
컴퓨터가 고장 나서 사용할 수 없게 되었어.	用	☐	☐
그는 갑자기 일이 생겨서 올 수가 없게 되었어.	突然	☐	☐
그 축구팀은 능력이 출중해서 우리는 이길 수 없어.	赢	☐	☐
나는 10킬로그램이나 살이 쪄서 이 옷을 입을 수 없게 되었어.	公斤	☐	☐

◀ 패턴 70 음성 강의

对 A 有(/没有) …

A에 대해 ~이 있다(/없다)

✓ 어떤 사물로부터 받는 도움이나 영향의 유무를 표현할 때 사용합니다.

STEP 1 중국인은 실생활에서 이렇게 말한다! 🎧 70-01

중국인과 어떻게 대화할지 막막하다고? 패턴을 활용해보자!

你这样做
Nǐ zhèyàng zuò
对你没有任何帮助。
duì nǐ méiyǒu rènhé bāngzhù.

我也知道，
Wǒ yě zhīdào,
但只能这样。
dàn zhǐnéng zhèyàng.

너 이렇게 하면 너한테 어떠한 도움도 안 돼.

나도 아는데, 이렇게 할 수밖에 없었어.

任何 rènhé 대 어떠한 | 只能 zhǐnéng 단지 ~할 수밖에 없다

실생활에서 접할 수 있는 여러 가지 상황을 생각하며 패턴을 훈련하자!

상황 01	어디서?	식당에서
	누구에게?	고기만 먹는 친구에게

친구 넌 고기를 너무 많이 먹어.

你吃肉吃得太多,
Nǐ chī ròu chī de tài duō,

채소를 많이 먹어야 몸에 좋지.

多吃蔬菜对身体有帮助。
duō chī shūcài duì shēntǐ yǒu bāngzhù.

상황 02	어디서?	회사에서
	누구에게?	부장님께 말대꾸하는 동료에게

동료 너 이렇게 하면 앞으로 사무실 생활에 도움이 안 돼.

你这样对将来办公室生活没有好处。
Nǐ zhèyàng duì jiānglái bàngōngshì shēnghuó méiyǒu hǎochù.

상황 03	어디서?	학교에서
	누구에게?	작문을 잘하고 싶어 하는 학생에게

교사 신문을 많이 읽으면 작문하는 데 도움이 된단다.

多看报纸对写作有帮助。
Duōkàn bàozhǐ duì xiězuò yǒu bāngzhù.

蔬菜 shūcài 명 채소 | 将来 jiānglái 명 장래 | 好处 hǎochù 명 좋은 점 | 报纸 bàozhǐ 명 신문 | 写作 xiězuò 동 글을 쓰다

10가지 활용 예문을 입에 착 붙도록 말해보자!

1 对身体有害。 Duì shēntǐ yǒu hài.

2 对健康有帮助。 Duì jiànkāng yǒu bāngzhù.

3 他对我有意见。 Tā duì wǒ yǒu yìjiàn.

4 喝水对身体有帮助。 Hē shuǐ duì shēntǐ yǒu bāngzhù.

5 交朋友对生活有帮助。 Jiāo péngyou duì shēnghuó yǒu bāngzhù.

6 家庭环境对孩子有影响。 Jiātíng huánjìng duì háizi yǒu yǐngxiǎng.

7 你要吃对身体有帮助的东西。 Nǐ yào chī duì shēntǐ yǒu bāngzhù de dōngxi.

8 你应该说对别人有帮助的话。 Nǐ yīnggāi shuō duì biérén yǒu bāngzhù de huà.

9 抽烟对健康没有任何帮助。 Chōuyān duì jiànkāng méiyǒu rènhé bāngzhù.

10 喝酒对身体没有好处，只有坏处。 Hē jiǔ duì shēntǐ méiyǒu hǎochù, zhǐyǒu huàichù.

害 hài 명 해, 재해 | 意见 yìjiàn 명 의견, 불만 | 家庭 jiātíng 명 가정 | 环境 huánjìng 명 환경 | 影响 yǐngxiǎng 명 영향 | 坏处 huàichù 명 나쁜 점

STEP 3의 예문을 셀로판지로 가리고 암기하자! 숙지되면 빠른 속도로 훈련하기!

		느린 속도 ≫ 빠른 속도
몸에 해롭다.	害	☐ ☐
건강에 좋다.	健康	☐ ☐
그는 나에게 불만이 있어.	意见	☐ ☐
물을 마시는 것은 몸에 좋다.	喝水	☐ ☐
친구를 사귀는 건 삶에 도움이 된다.	交朋友	☐ ☐
가정 환경은 자녀에게 영향을 준다.	影响	☐ ☐
너는 몸에 좋은 음식을 먹어야 해.	菜	☐ ☐
너는 다른 사람에게 도움이 되는 말을 좀 해.	别人	☐ ☐
흡연은 건강에 어떠한 도움도 되지 않는다.	抽烟	☐ ☐
음주는 건강에 도움이 안 되며 단지 해롭기만 하다.	好处	☐ ☐

61

你知道 A 多 … 吗?

너는 A가 얼마나 ~한지 알아?

- 너는 내가 얼마나 **아픈**지 알아?
- 너는 그녀가 얼마나 **예쁜**지 아니?
- 넌 문제가 얼마나 **심각**한지 알아?

62

是世界上最 … 的 A

세상에서 가장 ~한 A야

- 이것은 세상에서 가장 **빠른** 자동차야.
- 그는 세상에서 가장 **잘생긴** 남자야.
- 나는 세상에서 가장 **행복한** 여자야.

70

对 A 有(/没有) …

A에 대해 ~이 있다(/없다)

- 물을 마시는 것은 몸에 좋다.
- 가정 환경은 자녀에게 영향을 준다.
- 흡연은 건강에 어떠한 도움도 되지 않는다.

Pattern 61~70

69

동사 + 不了

Ⅴ할 수 없어

- 나는 그의 도움을 잊을 수가 없어.
- 그는 아무것도 할 수가 없어요.
- 나는 다쳐서 움직일 수가 없어.

68

越来越 …

갈수록 ~해

- 문제가 갈수록 **많아진다**.
- 바람이 갈수록 더 심하게 불어요.
- 그의 중국어 수준은 갈수록 올라간다.

63

这一切都是…

이 모든 것은 다 ~이야

- 이 모든 것은 다 그가 한 거야.
- 이 모든 것은 다 빌려온 거야.
- 이 모든 것은 다 내가 널 위해 준비한 거야.

64

连 A 都(/也) B

A조차도 B하다

- 밥 먹을 시간조차도 없어.
- 그는 친척 한 명조차도 없어.
- 나는 잘 시간조차도 없을 정도로 바빠.

65

明明 …, 앞부분과 반대 내용

분명히 ~한데, ~하다

- 난 분명히 배웠는데 기억이 안 나.
- 그는 분명히 알면서도 계속 모르는 척해.
- 분명히 걔 잘못인데 그는 내 탓을 해.

내 문장으로 만들기!

67

A 离 B …

A는 B로부터의 거리가 ~하다

- 너희 집은 여기에서 가까워?
- 춘지에까지 보름 밖에 남지 않았어.
- 출발하기까지 아직 10분 남았어.

66

怎么 (…) 也 + 부정형

아무리 (~)해도 ~할 수 없어(/하지 않아)

- 아무리 해도 이해할 수가 없어.
- 그는 아무리 말해도 알아듣지 못해.
- 나는 아무리 해도 그를 말로 이길 수 없어.

Pattern 71~80

Pattern 71

只是 … 而已

단지 ~일 뿐이야

✓ 어떤 사물 혹은 상황이 대수롭지 않다는 표현을 할 때 사용합니다.

STEP 1 중국인은 실생활에서 이렇게 말한다! 🎧 71-01

중국인과 어떻게 대화할지 막막하다고? 패턴을 활용해보자!

跟你一起过马路的人
Gēn nǐ yìqǐ guò mǎlù de rén
是你什么人?
shì nǐ shénme rén?

千万别误会!
Qiānwàn bié wùhuì!
她只是朋友而已。
Tā zhǐshì péngyou éryǐ.

⭐ …是你什么人?
[회화체] ~은 너랑 어떤 사이야?
예 那个人是你什么人?
Nàge rén shì nǐ shénme rén?
저 사람은 너랑 무슨 관계야?

너랑 같이 길 건너던 사람 너랑 무슨 관계야?   제발 오해하지 마! 걔는 그냥 친구일 뿐이야.

过马路 guò mǎlù 길을 건너다

실생활에서 접할 수 있는 여러 가지 상황을 생각하며 패턴을 훈련하자!

상황 01	언제?	친구끼리 약속 잡는 중
	누구에게?	만나기를 꺼려하는 친구에게

친구 뭘 긴장하고 그래? 우리 그냥 밥 한 끼 먹는 건데.

紧张什么呀？我们只是吃个饭而已。
Jǐnzhāng shénme ya? Wǒmen zhǐshì chī ge fàn éryǐ.

상황 02	어디서?	회사에서
	누구에게?	거래처와의 관계 유지를 걱정하는 사장님께

직원 저는 단지 그들과 작은 갈등이 있었을 뿐입니다.

我跟他们之间只是有小小的矛盾而已。
Wǒ gēn tāmen zhījiān zhǐshì yǒu xiǎoxiǎo de máodùn éryǐ.

🌟 **A 跟 B 之间** A와 B 사이에
예 我跟他之间没有问题。
Wǒ gēn tā zhījiān méiyǒu wèntí.
나와 그 사이에는 문제가 없어.

상황 03	언제?	학부모 상담 중
	누구에게?	아들의 문제가 뭐냐고 묻는 학부모님에게

담임 교사 문제가 큰 건 아니고요, 성민이는 단지 목표가 없을 뿐이에요.

问题不大，成敏只是没有目标而已。
Wèntí bú dà, Chéngmǐn zhǐshì méiyǒu mùbiāo éryǐ.

矛盾 máodùn 명 모순, 갈등

10가지 활용 예문을 입에 착 붙도록 말해보자!

1 他只是老师而已。   Tā zhǐshì lǎoshī éryǐ.

2 我只是感冒而已。   Wǒ zhǐshì gǎnmào éryǐ.

3 我只是看看而已。   Wǒ zhǐshì kànkan éryǐ.

4 这只是过程而已。   Zhè zhǐshì guòchéng éryǐ.

5 这只是误会而已。   Zhè zhǐshì wùhuì éryǐ.

6 这只是一部分而已。   Zhè zhǐshì yíbùfen éryǐ.

7 我只是说我想说的话而已。   Wǒ zhǐshì shuō wǒ xiǎng shuō de huà éryǐ.

8 别介意，他只是开玩笑而已。   Bié jièyì, tā zhǐshì kāi wánxiào éryǐ.

9 我只是想看看而已，你过去忙吧。   Wǒ zhǐshì xiǎng kànkan éryǐ, nǐ guòqù máng ba.

10 你别怪他了，这只是我的想法而已。   Nǐ bié guài tā le, zhè zhǐshì wǒ de xiǎngfǎ éryǐ.

过程 guòchéng 명 과정 | 一部分 yíbùfen 명 일부분 | 介意 jièyì 동 신경쓰다 | 忙 máng 동 일을 보다

STEP 3의 예문을 셀로판지로 가리고 암기하자! 숙지되면 빠른 속도로 훈련하기!

		느린 속도 ▶▶ 빠른 속도

그는 선생님일 뿐이다.   老师   ☐   ☐

그냥 감기일 뿐이야.   感冒   ☐   ☐

나는 좀 구경하고 있을 뿐이야.   看看   ☐   ☐

이건 과정일 뿐이야.   过程   ☐   ☐

이건 그냥 오해일 뿐이야.   误会   ☐   ☐

이건 단지 일부분일 뿐이야.   一部分   ☐   ☐

전 단지 제가 하고 싶은 말을 할 뿐이에요.   说   ☐   ☐

신경 쓰지 마. 걔는 농담한 것뿐이야.   开玩笑   ☐   ☐

전 그냥 좀 구경하고 싶어서요. 가서 일 보세요.   想   ☐   ☐

너 그 사람을 탓하지 마. 이건 내 생각일 뿐이야.   想法   ☐   ☐

Pattern 72

◀ 패턴 72 음성 강의

A有(/没有)(B)(这么/那么)…

A는 (B만큼) (이렇게/그렇게) ~하다(/하지 않다)

☑ A와 B 두 대상을 비교하는 긍정형과 부정형의 표현입니다.

STEP 1 중국인은 실생활에서 이렇게 말한다!

🎧 72-01

중국인과 어떻게 대화할지 막막하다고? 패턴을 활용해보자!

我说得没错吧?
Wǒ shuō de méi cuò ba?

长得超级帅吧?
Zhǎng de chāojí shuài ba?

你视力不好吧?
Nǐ shìlì bù hǎo ba?

他没有你说的那么帅。
Tā méiyǒu nǐ shuō de nàme shuài.

내 말이 맞지? 완전 잘생겼지?

너 시력 별로지? 걔는 네가 말한 것만큼 그렇게 잘생기지 않았어.

超级 chāojí 형 울트라, 슈퍼 | 视力 shìlì 명 시력

실생활에서 접할 수 있는 여러 가지 상황을 생각하며 패턴을 훈련하자!

| 상황 01 | 언제? | 친구와 대화 중 |
| | 누구에게? | 회사를 추천한 친구에게 |

친구 그 회사 실력은 네가 말한 것만큼 그렇게 높지 않더라.

那公司的实力没有你说的那么高。
Nà gōngsī de shílì méiyǒu nǐ shuō de nàme gāo.

| 상황 02 | 어디서? | 단골 약국에서 |
| | 누구에게? | 약사에게 |

손님 이 약의 효과는 예전 약만큼 그렇게 뚜렷하지는 않아요.

这药的效果没有之前的药那么明显。
Zhè yào de xiàoguǒ méiyǒu zhīqián de yào nàme míngxiǎn.

| 상황 03 | 언제? | 경찰서에서 실종 신고 중 |
| | 무엇을 하며? | 아들의 외모를 설명하며 |

엄마 제 아들은 제 허리만큼 이렇게 키가 커요.

我儿子有我的腰这么高。
Wǒ érzi yǒu wǒ de yāo zhème gāo.

实力 shílì 명 실력 | 效果 xiàoguǒ 명 효과 | 明显 míngxiǎn 형 뚜렷하다, 분명하다 | 腰 yāo 명 허리

10가지 활용 예문을 입에 착 붙도록 말해보자!

1 钱没有那么多。

Qián méiyǒu nàme duō.

2 他有你这么高。

Tā yǒu nǐ zhème gāo.

3 我没有你那么聪明。

Wǒ méiyǒu nǐ nàme cōngmíng.

4 上海有北京这么干燥吗?

Shànghǎi yǒu Běijīng zhème gānzào ma?

5 他的经验没有你丰富。

Tā de jīngyàn méiyǒu nǐ fēngfù.

6 我的车没有跑车那么贵。

Wǒ de chē méiyǒu pǎochē nàme guì.

7 他的汉语有你这么流畅。

Tā de Hànyǔ yǒu nǐ zhème liúchàng.

8 结果没有你说的那么好。

Jiéguǒ méiyǒu nǐ shuō de nàme hǎo.

9 他的工资没有他自己说的那么多。

Tā de gōngzī méiyǒu tā zìjǐ shuō de nàme duō.

10 我的成绩没有你说的那么糟糕。

Wǒ de chéngjì méiyǒu nǐ shuō de nàme zāogāo.

经验 jīngyàn 명 경험 | 丰富 fēngfù 형 풍부하다 | 跑车 pǎochē 명 스포츠카 | 流畅 liúchàng 형 유창하다 | 糟糕 zāogāo 동 엉망이 되다

STEP 3의 예문을 셀로판지로 가리고 암기하자! 숙지되면 빠른 속도로 훈련하기!

		느린 속도 ▸▸ 빠른 속도
돈이 그렇게 많지는 않아요.	钱	☐ ☐
그는 너만큼 이렇게 키가 커.	高	☐ ☐
나는 너만큼 그렇게 똑똑하지 않아.	聪明	☐ ☐
상하이는 베이징만큼 이렇게 건조해?	干燥	☐ ☐
그의 경험은 너만큼 풍부하지 않아.	丰富	☐ ☐
내 차는 스포츠카만큼 그렇게 비싸지는 않아.	跑车	☐ ☐
그의 중국어는 너만큼 이렇게 유창해.	流畅	☐ ☐
결과는 네가 말한 것처럼 그렇게 좋진 않아.	结果	☐ ☐
걔 월급은 자기가 말한 거만큼 많지는 않아.	工资	☐ ☐
내 성적은 네 말처럼 그렇게 엉망은 아니야.	糟糕	☐ ☐

Pattern 73

◀ 패턴 73 음성 강의

这样下去，A会＋부정적 결과＋(的)

이렇게 가다가는 A는 ~할 거야

✅ 어떠한 상황이 지속된 후에 오게 될 부정적인 결과를 추측할 때 사용합니다.

STEP 1 중국인은 실생활에서 이렇게 말한다! 🎧 73-01

중국인과 어떻게 대화할지 막막하다고? 패턴을 활용해보자!

这样下去，公司会倒闭的。
Zhèyàng xiàqù, gōngsī huì dǎobì de.

是吗? 那现在马上停止!
Shì ma? Nà xiànzài mǎshàng tíngzhǐ!

✳️ 동사 ＋ 下去 [방향보어]
(현재에서 미래로) 계속 ~하다
예 努力下去
nǔlì xiàqù
노력해 나가다

이렇게 가다가는 회사는 부도가 날 겁니다.

그래? 그럼 당장 멈춰!

倒闭 dǎobì 동 도산하다, 망하다 | 停止 tíngzhǐ 동 멈추다, 중지하다

실생활에서 접할 수 있는 여러 가지 상황을 생각하며 패턴을 훈련하자!

상황 01	언제?	타사와 회의를 마치고
	누구에게?	멋대로 하는 상사에게

 부하 직원 이렇게 가다가는 상대 회사는 불쾌함을 느낄 수도 있어서요.

这样下去，对方公司会觉得不愉快。
Zhèyàng xiàqù, duìfāng gōngsī huì juéde bù yúkuài.

상황 02	어디서?	병원에서
	누구에게?	매일 술을 마시는 환자에게

 의사 이렇게 하다가는 당신의 병은 훨씬 더 악화될 거예요.

这样下去，您的病会恶化的。
Zhèyàng xiàqù, nín de bìng huì èhuà de.

상황 03	언제?	학교에서 학부모 상담 중
	누구에게?	학부모님에게

 담임 교사 이렇게 가다가 성민이는 대학에 합격할 수 없을 것 같아요.

这样下去，成敏会考不上大学的。
Zhèyàng xiàqù, Chéngmǐn huì kǎobushàng dàxué de.

愉快 yúkuài 형 유쾌하다 | 恶化 èhuà 동 악화되다

10가지 활용 예문을 입에 착 붙도록 말해보자!

1 这样下去，你会累倒的。 Zhèyàng xiàqù, nǐ huì lèidǎo de.

2 这样下去，你会放弃的。 Zhèyàng xiàqù, nǐ huì fàngqì de.

3 这样下去，他会生气的。 Zhèyàng xiàqù, tā huì shēngqì de.

4 这样下去，我会疯掉。 Zhèyàng xiàqù, wǒ huì fēngdiào.

5 这样下去，你们会分手。 Zhèyàng xiàqù, nǐmen huì fēnshǒu.

6 这样下去，我们会更累的。 Zhèyàng xiàqù, wǒmen huì gèng lèi de.

7 这样下去，你会遇到困难的。 Zhèyàng xiàqù, nǐ huì yùdào kùnnan de.

8 这样下去，他们的关系会更紧张。 Zhèyàng xiàqù, tāmen de guānxì huì gèng jǐnzhāng.

9 这样下去，会产生更多问题的。 Zhèyàng xiàqù, huì chǎnshēng gèng duō wèntí de.

10 这样下去，你不会得到想要的结果。 Zhèyàng xiàqù, nǐ bú huì dédào xiǎng yào de jiéguǒ.

疯掉 fēngdiào 미쳐버리다 | 掉 diào ~해버리다 [동사 뒤에 쓰여 동작의 완성을 나타냄] | 遇到 yùdào 통 만나다 | 困难 kùnnan 명 곤란, 어려움 | 关系 guānxi 명 관계 | 紧张 jǐnzhāng 형 (관계가) 나쁘다 | 产生 chǎnshēng 통 생기다, 발생하다

STEP 3의 예문을 셀로판지로 가리고 암기하자! 숙지되면 빠른 속도로 훈련하기!

		느린 속도 ›› 빠른 속도
이렇게 가다가는 넌 쓰러져.	累倒	☐ ☐
이렇게 가다가는 넌 포기하게 될 거야.	放弃	☐ ☐
이렇게 하다가는 그는 화를 내게 될 거야.	生气	☐ ☐
이렇게 하다가는 난 미쳐버릴 거야.	疯掉	☐ ☐
이렇게 하다가는 너희는 헤어지게 돼.	分手	☐ ☐
이렇게 하다가는 우리는 더 피곤해져.	更累	☐ ☐
이렇게 하다가 넌 어려움에 부딪치게 될 거야.	遇到	☐ ☐
이렇게 가다가는 그들 관계는 더 나빠져.	紧张	☐ ☐
이렇게 하다가는 많은 문제가 생길 거야.	产生	☐ ☐
이렇게 가다가는 네가 원하는 결과를 얻지 못해.	想要	☐ ☐

Pattern 74

我还以为 … 呢!

난 또 ~인 줄 알았네!

✓ 어떠한 상황을 오해했을 때 사용하는 표현입니다.

STEP 1 중국인은 실생활에서 이렇게 말한다! 🎧 74-01

중국인과 어떻게 대화할지 막막하다고? 패턴을 활용해보자!

你是韩国人? 我还以为
Nǐ shì Hánguórén? Wǒ hái yǐwéi

你是中国人呢!
nǐ shì Zhōngguórén ne!

没那么地道吧!
Méi nàme dìdao ba!

还差远了。
Hái chà yuǎn le.

还差远了
hái chà yuǎn le
[회화체] (수준 등이) 아직 멀었다

당신 한국인인가요? 저는 당신이 중국인인 줄 알았어요!

그렇게 원어민 수준은 아니에요! 아직 멀었어요.

地道 dìdao 형 진짜의, 본토의

실생활에서 접할 수 있는 여러 가지 상황을 생각하며 패턴을 훈련하자!

상황 01	언제?	회사 점심시간이 끝난 후
	누구에게?	엎드려서 자고 있는 동료에게

동료 밥 먹었어? 난 또 네가 아직 밥 안 먹은 줄 알았지!

吃过饭了? 我还以为你还没吃饭呢!
Chīguo fàn le? Wǒ hái yǐwéi nǐ hái méi chīfàn ne!

상황 02	어디서?	병원에서
	누구에게?	왜 이제야 병원에 왔냐는 의사 선생님에게

환자 전 또 며칠 지나면 괜찮아질 줄 알았어요!

我还以为过几天就好了呢!
Wǒ hái yǐwéi guò jǐ tiān jiù hǎo le ne!

상황 03	언제?	부부싸움 일주일 뒤
	누구에게?	아직 화가 나있는 아내에게

남편 당신 아직도 화가 나있어?

你还在气头上?
Nǐ hái zài qìtóu shang?

난 또 이미 날 용서한 줄 알았지!

我还以为你已经原谅我了呢!
Wǒ hái yǐwéi nǐ yǐjīng yuánliàng wǒ le ne!

> ✱ 还在气头上
> hái zài qìtóu shang
> [회화체] 아직 화가 나있다

原谅 yuánliàng 동 용서하다

10가지 활용 예문을 입에 착 붙도록 말해보자!

1 我还以为是明天呢!

Wǒ hái yǐwéi shì míngtiān ne!

2 我还以为你不去呢!

Wǒ hái yǐwéi nǐ bú qù ne!

3 我还以为你没有钱呢!

Wǒ hái yǐwéi nǐ méiyǒu qián ne!

4 我还以为你也想去呢!

Wǒ hái yǐwéi nǐ yě xiǎngqù ne!

5 我还以为都结束了呢!

Wǒ hái yǐwéi dōu jiéshù le ne!

6 我还以为他是优秀学生呢!

Wǒ hái yǐwéi tā shì yōuxiù xuéshēng ne!

7 我还以为公司离家很近呢!

Wǒ hái yǐwéi gōngsī lí jiā hěn jìn ne!

8 我还以为你最近感到孤独呢!

Wǒ hái yǐwéi nǐ zuìjìn gǎndào gūdú ne!

9 我还以为手机价格降低了呢!

Wǒ hái yǐwéi shǒujī jiàgé jiàngdī le ne!

10 我还以为他介绍的人是专业医生呢!

Wǒ hái yǐwéi tā jièshào de rén shì zhuānyè yīshēng ne!

优秀 yōuxiù 형 우수하다 | 孤独 gūdú 형 고독하다, 외롭다 | 专业 zhuānyè 명 전공, 전문

STEP 3의 예문을 셀로판지로 가리고 암기하자! 숙지되면 빠른 속도로 훈련하기!

		느린 속도 ≫ 빠른 속도
난 또 내일인 줄 알았네!	明天	☐ ☐
난 또 네가 안 가는 줄 알았잖아!	不去	☐ ☐
난 또 네가 돈이 없는 줄 알았지!	没有钱	☐ ☐
난 또 너도 가고 싶어하는 줄 알았지!	想去	☐ ☐
난 또 이미 다 끝난 줄 알았지!	结束	☐ ☐
난 또 걔가 우수한 학생인 줄 알았네!	优秀	☐ ☐
난 또 회사가 집에서 가까운 줄 알았네!	离	☐ ☐
난 또 네가 요즘 외로움을 느끼는 줄 알았지!	孤独	☐ ☐
난 또 휴대전화 가격이 떨어진 줄 알았지!	降低	☐ ☐
난 또 걔가 소개한 사람이 전문 의사인 줄 알았네!	专业	☐ ☐

Pattern 75

不如(先) … 吧

(먼저) ~하는 편이 낫겠어

☑️ 어떠한 행동을 건의할 때 사용하는 표현입니다.

참고로 주어는 '不如'의 앞과 뒤 어디든 놓일 수 있습니다.

STEP 1 **중국인은 실생활에서 이렇게 말한다!** 🎧 75-01

중국인과 어떻게 대화할지 막막하다고? 패턴을 활용해보자!

不如我先回去吧,
Bùrú wǒ xiān huíqù ba,

我可不想妨碍你们。
wǒ kě bù xiǎng fáng'ài nǐmen.

你真有眼力见儿! 路上小心!
Nǐ zhēn yǒu yǎnlìjiànr! Lùshang xiǎoxīn!

✖️ 有眼力见儿
yǒu yǎnlìjiànr
[회화체] 눈치가 있다, 눈치가 빠르다

✖️ 路上小心。
Lùshang xiǎoxīn.
[회화체] 조심히 가세요.

✖️ 可 … [강조] 정말 ~하다
예 我可想回家了。
Wǒ kě xiǎng huí jiā le.
나는 정말 집에 가고 싶어.

나는 먼저 돌아가는 게 낫겠어, 너네 방해하고 싶지 않아.

넌 참 눈치가 빠르다! 조심히 가!

妨碍 fáng'ài 통 방해하다

실생활에서 접할 수 있는 여러 가지 상황을 생각하며 패턴을 훈련하자!

상황 01	어디서?	길거리에서
	누구에게?	길을 묻는 할머니께

나 👩 제가 할머니를 모시고 같이 가드리는 게 낫겠어요.

不如我陪奶奶一块儿去吧。
Bùrú wǒ péi nǎinai yíkuàir qù ba.

상황 02	언제?	중요한 미팅 후 식사자리에서
	누구에게?	사원에게

부장 👨 거의 다 먹은 거 같은데,

我看吃得差不多了,
Wǒ kàn chī de chàbuduō le,

자네 먼저 돌아가는 게 낫겠어.

不如你先回去吧。
bùrú nǐ xiān huíqù ba.

✦ 동사 + 得差不多了 거의 다 ⓥ했다
예 看得差不多了。 거의 다 봤다.
　　Kàn de chàbuduō le.

상황 03	어디서?	회사에서
	누구에게?	대형사고를 친 직원에게

과장 👩 네가 먼저 가서 사과하는 게 낫겠어.

你不如先去道歉吧,
Nǐ bùrú xiān qù dàoqiàn ba,

내 생각엔 이게 유일한 방법이야.

我看这是唯一的办法。
wǒ kàn zhè shì wéiyī de bànfǎ.

唯一 wéiyī 형 유일하다

10가지 활용 예문을 입에 착 붙도록 말해보자!

1 不如你先出去吧。　　　Bùrú nǐ xiān chūqù ba.

2 我不如先吃饭吧。　　　Wǒ bùrú xiān chīfàn ba.

3 不如你先冷静一下吧。　　Bùrú nǐ xiān lěngjìng yíxià ba.

4 我们不如买别的礼物吧。　Wǒmen bùrú mǎi biéde lǐwù ba.

5 不如你跟他说一声吧。　　Bùrú nǐ gēn tā shuō yì shēng ba.

6 不如你们先凑钱吧。　　　Bùrú nǐmen xiān còuqián ba.

7 你不如先买一辆车吧。　　Nǐ bùrú xiān mǎi yí liàng chē ba.

8 不如我先回家等结果吧。　Bùrú wǒ xiān huí jiā děng jiéguǒ ba.

9 你不如先配合他的工作吧。Nǐ bùrú xiān pèihé tā de gōngzuò ba.

10 不如你先出发吧，时间快到了！　Bùrú nǐ xiān chūfā ba, shíjiān kuàidào le!

冷静 lěngjìng 동 침착하게 하다 | 说一声 shuō yì shēng 한 번 말하다 | 凑钱 còuqián 동 돈을 모으다 | 辆 liàng 양 차량을 세는 단위 | 配合 pèihé 동 협력하다, 협조하다

STEP 3의 예문을 셀로판지로 가리고 암기하자! 숙지되면 빠른 속도로 훈련하기!

느린 속도 ▶▶ 빠른 속도

너는 먼저 나가는 게 좋겠어.	出去	☐	☐
나는 먼저 밥을 먹는 게 낫겠어.	吃饭	☐	☐
너는 우선 좀 침착하면 좋겠어.	冷静	☐	☐
우리는 다른 선물을 사는 게 낫겠어.	礼物	☐	☐
너는 그에게 한번 말하는 게 낫겠어.	说一声	☐	☐
너희는 우선 돈을 모으는 게 낫겠어.	凑钱	☐	☐
너는 우선 차를 한 대 사는 게 좋겠어.	一辆车	☐	☐
나는 우선 집에 가서 결과를 기다리는 게 낫겠어.	结果	☐	☐
너는 우선 그의 업무에 협력을 하는 게 좋겠어.	配合	☐	☐
네가 먼저 출발하는 게 낫겠다. 시간이 거의 다 됐어!	出发	☐	☐

◀ 패턴 76 음성 강의

不愧是 …

역시 ~이다

✓ 누군가를 칭찬할 때 주로 사용하는 표현입니다.

STEP 1 중국인은 실생활에서 이렇게 말한다! 🎧 76-01

중국인과 어떻게 대화할지 막막하다고? 패턴을 활용해보자!

终于搞定了! 来!
Zhōngyú gǎodìng le! Lái!
你过来试试。
Nǐ guòlái shìshi.

드디어 해결했다! 자! 와서 한번 해봐.

你不愧是我的好朋友!
Nǐ búkuì shì wǒ de hǎo péngyou!

넌 역시 내 좋은 친구야!

搞定 gǎodìng 동 해결하다, 처리하다

실생활에서 접할 수 있는 여러 가지 상황을 생각하며 패턴을 훈련하자!

상황 01	언제?	남편에게 신상 가방을 받고
	누구에게?	사랑하는 남편에게

아내 역시 내 좋은 남편이야! 난 정말 복 받았어.

你不愧是我的好老公! 我真有福气。
Nǐ búkuì shì wǒ de hǎo lǎogōng! Wǒ zhēn yǒu fúqì.

상황 02	언제?	오랜만의 가족모임에서
	누구에게?	여동생에게

오빠 오빠 생일도 기억하고, 역시 내 동생이야.

你还记得哥的生日, 不愧是我的妹妹。
Nǐ hái jìde gē de shēngrì, búkuì shì wǒ de mèimei.

상황 03	어디서?	사장실에서
	누구에게?	센스있는 선물을 한 비서에게

사장 이건 날 위해 준비한 거라고? 역시 우리 김 비서야!

这是为我准备的? 不愧是金秘书!
Zhè shì wèi wǒ zhǔnbèi de? Búkuì shì Jīn mìshū!

福气 fúqì 몡 복, 행운 | 秘书 mìshū 몡 비서

10가지 활용 예문을 입에 착 붙도록 말해보자!

1 你不愧是我儿子。　Nǐ búkuì shì wǒ érzi.

2 您不愧是文老师。　Nín búkuì shì Wén lǎoshī.

3 你不愧是男子汉。　Nǐ búkuì shì nánzǐhàn.

4 你不愧是教育专家。　Nǐ búkuì shì jiàoyù zhuānjiā.

5 不愧是我的好搭档！　Búkuì shì wǒ de hǎo dādàng!

6 他不愧是我们班的班长。　Tā búkuì shì wǒmen bān de bānzhǎng.

7 你不愧是我们班的三好学生。　Nǐ búkuì shì wǒmen bān de sānhǎo xuésheng.

8 文老师，你不愧是我的好老师。　Wén lǎoshī, nǐ búkuì shì wǒ de hǎo lǎoshī.

9 您不愧是金部长！
如果是我的话已经放弃了。
Nín búkuì shì Jīn bùzhǎng!
Rúguǒ shì wǒ dehuà yǐjīng fàngqì le.

10 你不愧是我的好哥们儿！
多亏你帮我，都解决了。
Nǐ búkuì shì wǒ de hǎo gēmenr!
Duōkuī nǐ bāng wǒ, dōu jiějué le.

男子汉 nánzǐhàn 명 사나이 | 教育 jiàoyù 명 교육 | 专家 zhuānjiā 명 전문가 | 搭档 dādàng 명 파트너 | 班长 bānzhǎng 명 반장 | 三好学生 sānhǎo xuésheng 명 모범생 | 哥们儿 gēmenr 명 친한 형제 | 多亏 duōkuī 부 덕분에

STEP 3의 예문을 셀로판지로 가리고 암기하자! 숙지되면 빠른 속도로 훈련하기!

		느린 속도 ≫ 빠른 속도
넌 역시 내 아들이야.	儿子	☐ ☐
역시 문 선생님이세요.	文老师	☐ ☐
넌 역시 사나이야.	男子汉	☐ ☐
당신은 역시 교육 전문가답네요.	专家	☐ ☐
역시 내 좋은 파트너야!	搭档	☐ ☐
그는 역시 우리 반 반장다워.	班长	☐ ☐
넌 역시 우리 반 모범생답구나.	三好学生	☐ ☐
문 쌤은 역시 제 좋은 스승님이세요.	老师	☐ ☐
역시 김부장님이세요! 저라면 포기했을 거예요.	金部长	☐ ☐
역시 내 좋은 친구야! 네가 도와준 덕분에 다 해결했어.	哥们儿	☐ ☐

Pattern 77

◀ 패턴 77 음성 강의

无论 A 都 B

A를 막론하고 B하다

✔️ A와는 관계없이 B하다는 문장으로, 주어가 1개일 때, 주어의 위치는 '无论'의 앞입니다.
주어가 2개일 때, 주어의 위치는 '无论'의 뒤입니다.

STEP 1 중국인은 실생활에서 이렇게 말한다! 🎧 77-01

중국인과 어떻게 대화할지 막막하다고? 패턴을 활용해보자!

时间过得真快啊!
Shíjiān guò de zhēn kuài a!
我连吃饭都忘了!
Wǒ lián chīfàn dōu wàng le!

你无论做什么事
Nǐ wúlùn zuò shénme shì
都很有热情!
dōu hěn yǒu rèqíng!

시간 정말 빠르네! 난 밥 먹는 것도 잊어버렸어!

넌 무슨 일을 하든 엄청 열정이 넘치더라!

热情 rèqíng 명 열정

실생활에서 접할 수 있는 여러 가지 상황을 생각하며 패턴을 훈련하자!

상황 01	언제?	신입사원 교육 중
	누구에게?	신입사원들에게

팀장 😊 어떤 고객을 만나든 짜증을 내면 안 됩니다.

无论碰到什么样的顾客**都**不能发脾气。
Wúlùn pèngdào shénme yàng de gùkè dōu bù néng fā píqi.

상황 02	언제?	고민하는 친구를 위로할 때(1)
	누구에게?	친구에게

절친 😊 어떤 문제에 부딪치든 해결 방법은 있는 거야!

无论碰到什么问题**都**会有办法的!
Wúlùn pèngdào shénme wèntí dōu huì yǒu bànfǎ de!

상황 03	언제?	고민하는 친구를 위로할 때(2)
	누구에게?	친구에게

절친 😐 쟤들이 뭐라고 하든 너는 마음에 담아두지 마.

无论他们说什么，你**都别**往心里去。
Wúlùn tāmen shuō shénme, nǐ dōu bié wǎng xīnlǐ qù.

✦ 别往心里去。
Bié wǎng xīnlǐ qù.
[회화체] 마음에 담아 두지 마.

碰到 pèngdào 통 봉착하다, 맞닥뜨리다 | 发脾气 fā píqi 통 짜증을 내다, 성질부리다

10가지 활용 예문을 입에 착 붙도록 말해보자!

1 无论买什么都行。 | Wúlùn mǎi shénme dōu xíng.

2 无论是谁都没关系。 | Wúlùn shì shéi dōu méi guānxi.

3 无论去哪儿都喜欢。 | Wúlùn qù nǎr dōu xǐhuan.

4 无论什么时候都可以。 | Wúlùn shénme shíhou dōu kěyǐ.

5 他无论做什么都很认真。 | Tā wúlùn zuò shénme dōu hěn rènzhēn.

6 他无论做什么菜都很好吃。 | Tā wúlùn zuò shénme cài dōu hěn hǎochī.

7 无论我说什么，他都不会生气的。 | Wúlùn wǒ shuō shénme, tā dōu bú huì shēngqì de.

8 无论别人怎么说，我都不介意。 | Wúlùn biérén zěnme shuō, wǒ dōu bú jièyì.

9 无论你做什么决定，我都会同意的。 | Wúlùn nǐ zuò shénme juédìng, wǒ dōu huì tóngyì de.

10 不管你遇到什么事，我都会帮你的。 | Bùguǎn nǐ yùdào shénme shì, wǒ dōu huì bāng nǐ de.

决定 juédìng 명 결정 | 不管 bùguǎn 접 ~을 막론하고 (= 无论 wúlùn)

STEP 3의 예문을 셀로판지로 가리고 암기하자! 숙지되면 빠른 속도로 훈련하기!

		느린 속도 ≫ 빠른 속도
뭘 사든 다 괜찮아.	行	☐ ☐
누구든 상관없어.	谁	☐ ☐
어딜 가든 다 좋아.	喜欢	☐ ☐
언제든 다 가능해.	可以	☐ ☐
그는 뭘 하든 열심히 해.	认真	☐ ☐
그가 무슨 음식을 하든 다 맛있어.	好吃	☐ ☐
내가 뭐라고 하든 그는 화를 내지 않을 거야.	生气	☐ ☐
다른 사람이 어떻게 말하든 나는 신경 안 써.	介意	☐ ☐
네가 어떤 결정을 내리든 난 다 동의할 거야.	做决定	☐ ☐
네가 어떤 일을 당하든 난 너를 도와줄 거야.	遇到	☐ ☐

◀ 패턴 78 음성 강의

正在 … (当)中

지금 ~하고 있는 중이야

⊘ 어떠한 행동이나 상황이 현재 진행 중임을 강조할 때 사용하는 표현입니다.

STEP 1 중국인은 실생활에서 이렇게 말한다! ∩ 78-01

중국인과 어떻게 대화할지 막막하다고? 패턴을 활용해보자!

我前几天问你的事,
Wǒ qián jǐ tiān wèn nǐ de shì,

你想过没有?
nǐ xiǎngguo méiyǒu?

✦ 동사 + 过没有? V해 봤어?
예 吃过没有?
   Chīguo méiyǒu?
   먹어본 적 있어?

我正在考虑当中!
Wǒ zhèngzài kǎolǜ dāngzhōng!

再给我三天的时间!
Zài gěi wǒ sān tiān de shíjiān!

내가 며칠 전에 물어본 일 생각해봤어?

난 지금 고민 중이야! 3일만 더 시간을 줘!

前几天 qián jǐ tiān 며칠 전

실생활에서 접할 수 있는 여러 가지 상황을 생각하며 패턴을 훈련하자!

| 상황 01 | 언제? | 절친의 결혼식 축하 공연을 앞두고 |
| | 누가? | 피아노 곡을 열심히 연습 중인 친구가 |

친구 난 필사적으로 연습하고 있어!

我正在拼命练习当中!
Wǒ zhèngzài pīnmìng liànxí dāngzhōng!

| 상황 02 | 언제? | 회사에서(1) |
| | 누구에게? | 상대 회사와 통화를 끝내고 상사에게 |

부하 직원 저는 현재 상대 회사와 소통 중입니다.

我正在跟对方公司沟通当中。
Wǒ zhèngzài gēn duìfāng gōngsī gōutōng dāngzhōng.

| 상황 03 | 언제? | 회사에서(2) |
| | 누구에게? | 협상 진행 과정을 묻는 상사에게 |

부하 직원 저희는 지금 상대 회사와 (의견) 조율 중입니다.

我们正在跟对方公司调整当中。
Wǒmen zhèngzài gēn duìfāng gōngsī tiáozhěng dāngzhōng.

拼命 pīnmìng 동 필사적으로 하다 | 沟通 gōutōng 동 소통하다 | 调整 tiáozhěng 동 조정하다, 조절하다

10가지 활용 예문을 입에 착 붙도록 말해보자!

1 我正在休假中。   Wǒ zhèngzài xiūjià zhōng.

2 他正在研究当中。   Tā zhèngzài yánjiū dāngzhōng.

3 我正在考虑当中。   Wǒ zhèngzài kǎolǜ dāngzhōng.

4 我正在挑选当中。   Wǒ zhèngzài tiāoxuǎn dāngzhōng.

5 活动正在进行当中。   Huódòng zhèngzài jìnxíng dāngzhōng.

6 我们正在分析当中。   Wǒmen zhèngzài fēnxī dāngzhōng.

7 警察正在调查当中。   Jǐngchá zhèngzài diàochá dāngzhōng.

8 项目正在洽谈当中。   Xiàngmù zhèngzài qiàtán dāngzhōng.

9 他们正在讨论当中。   Tāmen zhèngzài tǎolùn dāngzhōng.

10 他正在反省当中。   Tā zhèngzài fǎnxǐng dāngzhōng.

休假 xiūjià 동 휴가를 보내다 | 挑选 tiāoxuǎn 동 고르다 | 分析 fēnxī 동 분석하다 | 警察 jǐngchá 명 경찰 | 洽谈 qiàtán 동 협상하다 | 讨论 tǎolùn 동 토론하다 | 反省 fǎnxǐng 동 반성하다

STEP 3의 예문을 셀로판지로 가리고 암기하자! 숙지되면 빠른 속도로 훈련하기!

		느린 속도 ≫ 빠른 속도
나는 지금 휴가 중이야.	休假	☐　　☐
그는 현재 연구하고 있는 중이야.	研究	☐　　☐
나는 지금 고민하고 있는 중이야.	考虑	☐　　☐
나는 지금 고르고 있는 중이야.	挑选	☐　　☐
행사는 지금 진행 중이야.	进行	☐　　☐
우리는 지금 분석하고 있는 중이야.	分析	☐　　☐
경찰이 지금 조사하고 있는 중이야.	调查	☐　　☐
프로젝트는 지금 협상 중이야.	洽谈	☐　　☐
그들은 지금 토론하고 있는 중이야.	讨论	☐　　☐
그는 지금 혼자 반성하고 있는 중이야.	反省	☐　　☐

把 A… (결과/방향)보어 + (了)

A를 (어떻게) ~했다

☑️ 가장 전형적인 '把'자문 형식이며, 목적어를 강조할 때 사용하는 표현입니다.
긍정형은 '把 + 목적어 + 동사 + (결과/방향)보어(了)'이며,
부정형은 '没有(/不) + 把 + 목적어 + 동사 + (결과/방향)보어(了)'입니다.

STEP 1 중국인은 실생활에서 이렇게 말한다! 🎧 79-01

중국인과 어떻게 대화할지 막막하다고? 패턴을 활용해보자!

你说好了发了工资
Nǐ shuōhǎo le fā le gōngzī

就请我吃饭!
jiù qǐng wǒ chīfàn!

昨天有急事所以只好
Zuótiān yǒu jíshì suǒyǐ zhǐhǎo

把工资花光了…。
bǎ gōngzī huāguāng le….

⭐ 동사 + 光了
[결과보어] (남김없이) 다 V했다
예 吃光了。 남김없이 다 먹었어.
Chīguāng le.

너 월급 받으면 밥 산다고 말했다!

어제 급한 일이 생겨서 어쩔 수 없이 월급을 다 써버렸어….

急事 jíshì 명 급한 일 │ 只好 zhǐhǎo 부 어쩔 수 없이

실생활에서 접할 수 있는 여러 가지 상황을 생각하며 패턴을 훈련하자!

| 상황 01 | 언제? | 이사를 막 마치고 친구의 전화를 받았을 때 |
| | 누구에게? | 당장 놀러 오겠다는 친구에게 |

친구 나는 짐을 아직 다 정리하지 못했어. 다음에 다시 와.

我还没有把东西收拾好，改天再来吧。
Wǒ hái méiyǒu bǎ dōngxi shōushi hǎo, gǎitiān zài lái ba.

| 상황 02 | 누가? | 세탁소 주인이 |
| | 누구에게? | 옷을 맡기고 간 고객에게 |

주인 이미 고객님 옷을 다 세탁했습니다. 오셔서 찾아가세요.

已经把您的衣服洗好了，请您来取吧。
Yǐjīng bǎ nín de yīfu xǐhǎo le, qǐng nín lái qǔ ba.

| 상황 03 | 언제? | 회사에서 |
| | 누구에게? | 함께 야근하는 동료에게 |

동료 나는 오늘 일을 다 했어. 나 먼저 갈게!

我把今天的活儿干完了，我先撤了！
Wǒ bǎ jīntiān de huór gànwán le, wǒ xiān chè le!

⭐ 我先撤了!
Wǒ xiān chè le!
[회화체] 나 먼저 갈게! [친한 사이끼리 사용]

取 qǔ 동 찾아 가지다 | 撤 chè 동 철수하다, 물러나다

10가지 활용 예문을 입에 착 붙도록 말해보자!

1 把饭吃完了。 Bǎ fàn chīwán le.

2 把书看完了。 Bǎ shū kànwán le.

3 他把声音调小了。 Tā bǎ shēngyīn tiáoxiǎo le.

4 他咋天把钱拿过来了。 Tā zuótiān bǎ qián náguòlái le.

5 他不把问题说清楚。 Tā bù bǎ wèntí shuō qīngchu.

6 把房间打扫干净了。 Bǎ fángjiān dǎsǎo gānjìng le.

7 他没有把我的手机弄坏。 Tā méiyǒu bǎ wǒ de shǒujī nònghuài.

8 我把前几天买的手机弄丢了。 Wǒ bǎ qián jǐ tiān mǎi de shǒujī nòngdiū le.

9 我一说冷他就把温度调高了。 Wǒ yì shuō lěng tā jiù bǎ wēndù tiáogāo le.

10 他在我的面前把那个东西拿出来了。 Tā zài wǒ de miànqián bǎ nàge dōngxi náchūlái le.

✄ 동사+完了 결과보어 다 V끝냈다 (예: 说完了。 다 말했다.) | 温度 wēndù 명 온도 |

✄ 一A就B A하자마자 B하다 (예: 他一进来就哭。 그는 들어오자마자 운다.)

STEP 3의 예문을 셀로판지로 가리고 암기하자! 숙지되면 빠른 속도로 훈련하기!

		느린 속도 ≫ 빠른 속도
밥을 다 먹었다.	吃	☐ ☐
책을 다 봤다.	看	☐ ☐
그는 소리를 작게 조절했다.	调	☐ ☐
그는 어제 돈을 가지고 왔다.	拿	☐ ☐
그는 문제를 정확하게 말하지 않는다.	问题	☐ ☐
방을 깨끗하게 청소했다.	打扫	☐ ☐
그는 내 휴대전화를 망가뜨리지 않았다.	手机	☐ ☐
나는 며칠 전에 산 휴대전화를 잃어버렸다.	前几天	☐ ☐
내가 춥다고 말하자마자 그는 온도를 높게 조절했다.	一A就B	☐ ☐
그는 내 앞에서 그 물건을 꺼냈다.	面前	☐ ☐

◀ 패턴 80 음성 강의

把 A 当(成) B

A를 B라고 여기다

⊘ 어떤 것을 다른 것으로 인식하는 것을 나타내는 표현입니다.

STEP 1 | 중국인은 실생활에서 이렇게 말한다! ∩ 80-01

중국인과 어떻게 대화할지 막막하다고? 패턴을 활용해보자!

我没有时间买礼物,
Wǒ méiyǒu shíjiān mǎi lǐwù,
只能空着手来了。
zhǐnéng kōngzhe shǒu lái le.

把箱子放在这里,
Bǎ xiāngzi fàngzài zhèlǐ,
你把这里当成你的家吧。
nǐ bǎ zhèlǐ dàngchéng nǐ de jiā ba.

把 + 목적어 + 동사 + 在 + 장소
['把'자문] 이를 장소에 V하다
예 你把书放在桌子上。
Nǐ bǎ shū fàngzài zhuōzi shang.
너는 책을 책상 위에다 놔.

선물 살 시간이 없어서 어쩔 수 없이 빈손으로 왔어.

캐리어를 여기에 놔! 여기를 네 집이라고 생각하고.

空着手 kōngzhe shǒu 빈손으로 | 箱子 xiāngzi 명 트렁크, 상자

실생활에서 접할 수 있는 여러 가지 상황을 생각하며 패턴을 훈련하자!

상황 01	언제?	친구와 대화 중
	누구에게?	도움을 받은 것에 대해 돈을 주는 친구에게

 친구 너는 나를 도대체 뭘로 보는 거야?

你到底把我当什么呀?
Nǐ dàodǐ bǎ wǒ dàng shénme ya?

상황 02	어디서?	회식 다음날 사무실에서
	누가?	전날 술주정을 부렸던 부장님이

부장 샤오짜오! 어제 있었던 일을 없던 일로 해 줘!

小赵! 你就把昨天的事当成没发生过吧!
Xiǎo Zhào! Nǐ jiù bǎ zuótiān de shì dàngchéng méi
fāshēng guo ba!

상황 03	누구에게?	이 책을 완독한 여러분에게
	무엇을 하며?	중국어 공부를 응원하며

문쌤 책을 다 읽어주셔서 감사합니다.

感谢大家把书看完,
Gǎnxiè dàjiā bǎ shū kànwán,

중국어 배우는 것을 좋은 일로 여기시고 끝까지 노력하세요!

把学习汉语当成好事, 努力到底吧!
bǎ xuéxí Hànyǔ dàngchéng hǎoshì, nǔlì dàodǐ ba!

> 🌟 동사 + 到底 끝까지 V하다
> 예 帮人帮到底。
> Bāng rén bāng dàodǐ.
> 사람을 끝까지 도와준다.

好事 hǎoshì 몡 좋은 일

10가지 활용 예문을 입에 착 붙도록 말해보자!

1 我把他当成家人。

Wǒ bǎ tā dàngchéng jiārén.

2 他把我当成外人。

Tā bǎ wǒ dàngchéng wàirén.

3 你把我当成朋友吧。

Nǐ bǎ wǒ dàngchéng péngyou ba.

4 他一直把我当亲哥。

Tā yìzhí bǎ wǒ dàng qīngē.

5 他总是把我当三岁小孩儿。

Tā zǒngshì bǎ wǒ dàng sān suì xiǎo háir.

6 他把这次失败当成一种教训。

Tā bǎ zhè cì shībài dàngchéng yì zhǒng jiàoxun.

7 我把这件事当成最重要的事。

Wǒ bǎ zhè jiàn shì dàngchéng zuì zhòngyào de shì.

8 他把我的钱当自己的花光了。

Tā bǎ wǒ de qián dàng zìjǐ de huāguāng le.

9 老婆把我当成会永远在一起的朋友。

Lǎopo bǎ wǒ dàngchéng huì yǒngyuǎn zài yìqǐ de péngyou.

10 他把我的事当自己的事尽力帮助。

Tā bǎ wǒ de shì dàng zìjǐ de shì jìnlì bāngzhù.

外人 wàirén 명 남, 외부 사람 | 教训 jiàoxun 명 교훈 | 尽力 jìnlì 동 힘을 다하다

STEP 3의 예문을 셀로판지로 가리고 암기하자! 숙지되면 빠른 속도로 훈련하기!

		느린 속도 ≫ 빠른 속도
나는 그를 가족이라고 생각해.	家人	☐ ☐
그는 나를 남이라고 생각해.	外人	☐ ☐
너는 나를 친구라고 생각하지.	朋友	☐ ☐
그는 줄곧 나를 친오빠라고 생각해.	亲哥	☐ ☐
그는 항상 나를 세 살짜리 어린애로 여겨.	小孩儿	☐ ☐
그는 이번 실패를 일종의 교훈으로 삼는다.	教训	☐ ☐
나는 이 일을 가장 중요한 일로 여겨.	这件事	☐ ☐
걔는 내 돈을 자기 거라고 여기고 다 써버렸어.	花光	☐ ☐
아내는 나를 영원히 함께할 친구라고 생각해.	永远	☐ ☐
그는 내 일을 자기 일로 여기고 온 힘을 다해 도와줘.	尽力	☐ ☐

71

只是···而已

단지 ~일 뿐이야

- 그냥 감기일 뿐이야.
- 이건 단지 일부분일 뿐이야.
- 신경 쓰지 마. 걔는 농담한 것뿐이야.

72

A有(/没有)(B)(这么/那么)···

A는 (B만큼) (이렇게/그렇게) ~하다(/하지 않다)

- 돈이 그렇게 많지는 않아요.
- 나는 너만큼 그렇게 똑똑하지 않아.
- 상하이는 베이징만큼 이렇게 건조해?

80

把A当(成)B

A를 B라고 여기다

- 나는 그를 가족이라고 생각해.
- 나는 이 일을 가장 중요한 일로 여겨.
- 아내는 나를 영원히 함께할 친구라고 생각해.

Pattern 71~80

79

把A···(결과/방향)보어 + (了)

A를 (어떻게) ~했다

- 밥을 다 먹었다.
- 방을 깨끗하게 청소했다.
- 나는 며칠 전에 산 휴대전화를 잃어버렸다.

78

正在···(当)中

지금 ~하고 있는 중이야

- 나는 지금 고민하고 있는 중이야.
- 행사는 지금 진행 중이야.
- 그들은 지금 토론하고 있는 중이야.

73

这样下去,
A 会 + 부정적 결과 + (的)

이렇게 가다가는 A는 ~할 거야

- ✅ 이렇게 가다가는 넌 쓰러져.
- ✅ 이렇게 가다가는 넌 포기하게 될 거야.
- ✅ 이렇게 하다가는 너희는 헤어지게 돼.

74

我还以为 … 呢!

난 또 ~인 줄 알았네!

- ✅ 난 또 내일인 줄 알았네!
- ✅ 난 또 네가 돈이 없는 줄 알았지!
- ✅ 난 또 이미 다 끝난 줄 알았지!

내 문장으로 만들기!

75

不如(先) … 吧

(먼저) ~하는 편이 낫겠어

- ✅ 너는 먼저 나가는 게 좋겠어.
- ✅ 우리는 다른 선물을 사는 게 낫겠어.
- ✅ 너희는 우선 돈을 모으는 게 낫겠어.

77

无论 A 都 B

A를 막론하고 B하다

- ✅ 어딜 가든 다 좋아.
- ✅ 그는 뭘 하든 열심히 해.
- ✅ 그가 무슨 음식을 하든 다 맛있어.

76

不愧是 …

역시 ~이다

- ✅ 역시 내 좋은 파트너야!
- ✅ 그는 역시 우리 반 반장다워.
- ✅ 역시 내 좋은 친구야! 네가 도와준 덕분에 다 해결했어.

MEMO

MEMO

MEMO